Pierre Corneille :

ambiguïtés

©1989 Alta Press Inc.

10816 - 58 avenue, Edmonton, Alberta, T6H 1C2, Canada
147, rue Lasègue, Châtillon-sous-Bagneux, 92320, France

Dépôt légal : National Library of Canada
              Bibliothèque Nationale du Québec

ISBN : 0-921984-01-4

Imprimé au Canada

PARABASIS 1

Michel L. Bareau
Editeur

Pierre Corneille :

ambiguïtés

Alta Press Inc.

1989

AVANT-PROPOS

Le thème de l'ambiguïté dans le contexte de la critique littéraire n'est pas en soi une nouveauté : dès 1930, William Empson lui avait consacré une étude remarquable dans son *Seven Types of Ambiguity,* au risque, peut-être calculé et reconnu, d'amortir les effets de l'ambiguïté pour en avoir trop bien observé et démonté les mécanismes. En revanche, Roger Caillois, dans *Cohérences aventureuses,* nous livre une véritable apologie sur « la fertilité de l'ambigu », qu'il définit comme « la vision d'une énigme reflétée dans un miroir » (Idées/Gallimard, p. 184). Cette citation, inspirée de la première Epitre aux Corinthiens (XIII, 12), suffirait à donner ses lettres de noblesse et d'antiquité au thème de ce volume, s'il en était besoin. Précisons cependant, et sans remords excessifs, qu'à l'origine le thème de l'ambiguïté cornélienne n'était pas à l'ordre du jour. Ce n'est qu'ultérieurement que ce thème s'est imposée à l'éditeur comme répondant en fait à une enquête commune, quoique accidentelle, aux auteurs du volume.

Le catalogue des ambiguïtés du théâtre cornélien est encore à dresser, nous en présentons quelques aspects liés à la dramaturgie, à la politique, au féminisme..., sous les angles variés d'une réflexion ponctuelle sur les lieux du discours dans *Cinna,* du langage de la gémellité dans *Attila,* de l'engagement politique et des pulsions amoureuses dans *Le Cid, Don Sanche d'Aragon, Tite et Bérénice,* des identifications des rôles et des masques dans *Pulchérie,* du traitement alidorien de l'odalisque séraphique dans *La Place Royale,* et de la « pluralité » des lectures de Corneille par les moralistes des Lumières. Approfondissement et renouvellement dans la perception des études cornéliennes ont été les lignes directrices de cet ensemble. Notre recueil s'inscrit dans le cadre des travaux commémorant le tricentenaire de la mort de Pierre Corneille ; dans la floraison des publications suscitées par cet événement, mentionnons tout particulièrement, pour les Etats-Unis, une série d'études présentées par Marie-Odile Sweetser, tandis qu'en France Alain Niderst assurait la publication des Actes du colloque de Rouen. Participant d'une mosaïque politique et culturelle, l'édition canadienne se devait de manifester sa vitalité dans les études cornéliennes en publiant ce modeste volume.

En pleine campagne du *Soldat François* naquit, le 6 juin 1606, l'un des plus grands génies dramatiques. Poète, d'origine bourgeoise, l'histoire de sa vie et de son indéniable réussite reste cependant légitimée par un mérite qui doit fort peu à sa naissance. Archives, mémoires, manuscrits, presque rien ne nous est parvenu, laissant sur sa faim le critique insatiable. Pour tout potage, des « témoins » nous ont légué ce qu'ils ont voulu percevoir, ou retenir, de l'illustre défunt. Que la mémoire de Jean-Baptiste Poquelin ait été quelque peu trahie par la *Vie de M. de Molière* (1705), rédigée par le Sieur de Grimarest, n'est pas un sujet de controverse. Corneille ne devait pas non plus échapper à une semblable tentative de récupération par la génération suivante : la *Vie de Corneille* (1702) rédigée par son neveu Fontenelle laisse même l'impression que les traits prêtés à l'auteur sont surtout destinés, par analogie et complémentarité, à le faire coïncider avec une perception atrophiée de son œuvre. Insidieusement, le critique est encore tributaire d'une relation bien établie : la vie privée de Pierre Corneille aurait été inversement proportionnelle à l'éclat de son génie, en dépit des excellents travaux de Georges Couton, l'auteur ne serait pas vraiment « engagé », il n'aurait, du fond de son officine laborieuse et retirée, perçu que les échos des conflits politiques et sociaux de son époque. Cependant, il n'en reste pas moins que l'expression des forces cachées et l'art du polémiste épousent étroitement les contours de la « discrétion » – caractéristique qui s'applique également à Cervantes, Molière, Racine..., pour ne mentionner que quelques sommets d'une époque dont on ne peut qu'envier le fertile génie. Néanmoins, la perception de l'écriture sous l'Ancien Régime peut difficilement se concevoir en l'absence de son catalyseur polémique. La recherche, sous « l'emphase » cornélienne, de ces éléments, peut ainsi contribuer à restituer au texte sa vitalité pré-textuelle.

Pour Corneille, la montée vers le sublime aurait depuis longtemps lassé ses générations de lecteurs si cette leçon de grandeur n'avait été des plus ambiguës, si le sublime ne s'était doublé d'un prosaïsme immanent, si la matière inférieure et périssable n'avait finalement engendré une vision du monde à la fois universelle et paradoxalement inscrite dans une évolution de la société digne du roman expérimental. Depuis plus de trois siècles une « machinerie » des passions bat au cœur du théâtre cornélien, sous l'or et l'ivoire du cadran de la scène, sous la lente poussée du bronze, sous la fine nervure des boiseries, la mesure du temps occulte dans la durée les évocations infinies d'une société agonique. Dramaturgie de la représentation qui, comme le corps l'est à l'esprit, peut aussi être l'occasion prochaine de la chute ou de l'anoblissement de l'écrivain. Au-delà des séductions du Temps métronomique, la fascination exercée par le théâtre de Corneille repose en partie sur une double perception : celle d'un univers héroïque que vient rigoureusement stabiliser une mentalité ancillaire et bourgeoise. Fonction didactique presque « parfaite », car tout en s'identifiant au sublime, le public est simultanément entraîné à vivre une épreuve de *purgation* par la représentation, marbrée de zones d'ombres, des vertus et des vices d'autrui. Expérience d'autant plus intense que l'omniprésence des éléments « suggérés » et / ou « ostentés » du texte dramatique repose sur le sentiment d'une dichotomie généralisée, sur un procès d'identification et de culpabilisation que conditionnent les contraintes mentales, physiques et sociales imposées par le Grand Siècle.

Le paradoxe du théâtre de Corneille ne résiderait-il pas dans le fait que tout en étant parfaitement « récupérable » par une idéologie conservatrice, l'éthique cornélienne n'en véhicule pas moins, pour le discret lecteur, un idéal révolutionnaire? Si, lorsque s'effritent les valeurs morales qui ont cimenté une société, la grande leçon d'une époque et d'une classe reste le fanal qui survit à la tempête, encore convient-il de souligner que, paradoxe ultime, dans cette « leçon » sont également enserrées les forces cthoniques du renouveau. Dans le calendrier variable des commémorations, le tricentenaire de Corneille précède de fort peu la Révolution.

Enfin, qu'il soit permis à l'éditeur d'exprimer ses sentiments reconnaissants envers les auteurs confiants et dévoués qui, par leur patiente contribution à ce premier numéro, ont contribué à placer sur sa rampe de lancement la collection *Parabasis*. Ajoutons, avant de clore cet avant-propos, que ce volume inaugural porte la marque indélébile des inestimables talents éditoriaux de Judith Spencer, co-directrice de la collection.

M. L. B.

Les références au théâtre de Corneille et les citations ont été normalisées pour l'ensemble du volume sur l'édition des *Œuvres complètes*, publiée aux Editions du Seuil, dans la collection « *l'Intégrale* », par les soins d'André Stegmann.

CONSTANT VENESOEN
University of Western Ontario

La « mythification » d'Angélique dans *La Place Royale* de Pierre Corneille

La Place Royale est celle parmi les premières comédies de Corneille qui a sans doute suscité le plus d'intérêt. Ce n'est pas que l'intrigue en soit beaucoup plus fascinante, ni que le style comique (?) en soit plus persuasif. Non. La réputation de cette comédie repose principalement sur la stature extravagante, voire schizophrénique d'Alidor, héros cornélien embryonnaire, éprouvette délicate où s'agiteraient les promesses génétiques de l'altière et soldatesque figure cornélienne! On a vu en lui le « prélude au héros », le dialecticien de l'irrationnel, le combattant acharné de la mâle liberté, le solitaire triomphant dans sa gloire démiurgique! Alidor est parvenu à nous faire croire qu'il était à la fois père et mère, un peu confus mais presque sincères, d'une éblouissante lignée de généreux! Chemin faisant, et sous l'œil brillant de la critique, Alidor chauffait sa petite place au soleil : mine de rien, le personnage créait sa propre légende. Il se mythifiait! Le bravache avait fait illusion. Comme la mouche de La Fontaine, il allait, venait, tirait sa révérence. On ne vit plus que lui. Ses comparses dans le jeu, Cléandre, Doraste, Philis, Angélique, pâlissaient à son approche et devaient bientôt se contenter d'un petit paragraphe, d'une ligne, d'une note marginale dans le livre d'or consacré aux frasques alidoriennes.

Il y eut cependant quelques notes discordantes, des insolences critiques qui allaient jusqu'au sacrilège, qui osaient suggérer sans ménagement que cet Alidor rutilant n'était qu'un héros de pacotille, un « miles gloriosus » (Matamore en gestation) sans armure, un Sganarelle pompeux, plus qu'un Dom Juan émancipé. A côté des épopées de ses exploits prometteurs, auxquelles ont contribué avec talent MM. Adam, Nadal, Doubrovski, François, ou Verhoeff[1], se dressa l'opprobre de la déchéance sociale : on a osé démettre Alidor de ses hautes fonctions ; on l'a relégué parmi les comiques et les déments. Les iconoclastes, moins nombreux, il va de soi, s'appellent Maurens, Kerr et, avec plus de timidité, Allentuch[2]. Spartacus a été transformé en Charlot.

La métamorphose, que nous applaudissons vigoureusement, ne rend pas Alidor moins intéressant, mais cette fois à la manière d'Arnolphe ou même d'Alceste. Un pitre qui s'ignore et qui se gargarise d'héroïsme et de principes qui ne concernent que sa propre libido en mal de castration. C'est qu'Alidor voudrait bien faire l'amour, même avec Angélique qu'il « idolâtre », mais il faudrait que ce soit en dehors du lit nuptial. Qu'on lui parle de mariage et il s'invente aussitôt une psychologie d'eunuque, voire un penchant homosexuel pour « un autre moi-même » (I.4, v. 274), comme il le dit en parlant de son « copain[3] » Cléandre à qui il veut faire plaisir, tout en l'avertissant que « l'hymen fait bien des malheureux » (I.4, v. 276)! Bref, Alidor a l'art de se rendre ridicule, même si, vingt-cinq ans plus tard, Corneille semble l'avoir oublié dans ses remarques compassées de l'*Examen* de la pièce[4]. Ne lui en déplaise, Alidor est un faux brave, un faux conquérant, un faux amant : il a peur de l'amour, conjugal surtout[5], dans lequel il voit l'étreinte tentaculaire de la mante religieuse. Il excelle évidemment à se donner des excuses sous prétexte de lucidité et de noblesse d'âme : ne sera-t-il pas infidèle, et aimera-t-il pour toujours[6]? Il aurait pu ajouter qu'Angélique risquait un jour d'avoir le sein moins ferme, la hanche plus forte et la bouche édentée : « elle est belle aujourd'hui, mais sa beauté peut-elle autant durer que lui [le nœud du mariage]? » (I.4, vs. 227-28). D'autant plus qu'Alidor est déjà convaincu qu'il survivra à Angélique[7]! Croyons-en Corneille au moment où il créait son œuvre : Alidor est un « amoureux extravagant », ou, comme nous l'a rappelé Furetière, un « fou, impertinent, qui dit et fait ce qu'il ne faudroit pas qu'il dist ni qu'il fist[8] ». Alidor n'est ni plus ni moins un type social, le gourou d'une éthique sociale à laquelle participent gaiement Philis, Cléandre et Doraste, et qui consiste à ne voir dans l'amour qu'un obligeant commerce charnel – Montaigne est passé par là[9] – et à juger la femme à marier comme une pulpeuse monnaie d'échange ; éthique qui confond volontiers affection et obéissance, autorité et sensibilité, femme et péché ou, mieux encore, femme et servage. Alidor s'inscrit ainsi dans le cadre d'une comédie de mœurs dans laquelle on découvre une hypnose du mariage, une incurable méfiance de l'amour-tendresse et, enfin, une conception sarcastique, voire brutale, de la femme qui, avec naïveté, croit que l'amour est l'enfant naturel de sa sensibilité. Dire qu'Alidor l'emporte d'une certaine façon, et qu'Angélique « est punie[10] », c'est plus ou moins identifier Corneille, en son difficultueux *Examen*, avec l'extravagance de son personnage. Que Corneille ait été alidorien en 1660, nous sommes prêt à le concéder. Qu'il le fût déjà en 1634, nous en doutons. Mais, dira-t-on, que faire de cette dédicace à Monsieur ***? N'y dit-il pas « qu'on ne doit jamais aimer en un point qu'on ne puisse n'aimer pas ; que si on en vient jusque-là, c'est une tyrannie dont il faut secouer le joug, etc.[11]»? Qu'on relise toutefois ce texte de sa jeunesse. Outre qu'il ne s'adresse probablement à personne[12], il est rempli de contradictions, de manœuvres d'approche en faveur d'Alidor, suivies aussitôt de retraits et de démentis. La motivation de cette « dédicace » nous paraît tenir dans ses dernières lignes, là où Corneille rappelle aux dames combien il a « par d'autres poèmes (...) relevé leur gloire et soutenu leur pouvoir ». *La Place Royale* fut effectivement sa première comédie qui donnât autant de relief caractériel à un personnage masculin. Alidor « à lui seul, prononce le tiers environ de la comédie[13] »! Il était devenu à la fois envahissant et embarrassant. Il était une tête d'affiche grâce à sa verbosité nourrie de misogynie velléitaire. A l'occasion même il s'était fait le porte-parole confus d'un jeune Corneille que le démon de la mâle liberté aiguillonnait de sa petite fourche séculaire. Alidor avait été un sursaut de virilité effarouchée, et il aurait dès lors pu déplaire à un public féminin de plus en plus important et influent[14]. La dédicace tendait à tirer Corneille d'un mauvais pas, à le disculper de quelques lapsus malencontreux. Elle réitérait en même temps sa bienveillance pour « la plus belle moitié du monde et qui domine si puissamment sur les volontés de l'autre[15] ». Nous continuons de croire que la plus large part du didactisme de Corneille, auteur de comédies, s'est exprimée en faveur des femmes, et que l'Angélique de *La Place Royale* n'a pas été moins concernée, même si l'extravagance de son fol amant risquait de la pousser momentanément à l'ombre du débat. N'oublions jamais que Corneille, depuis ses débuts, a préféré approfondir la psychologie féminine, aux dépens de ces messieurs qui sont légers, stupides et vaniteux. Ses titres mêmes en témoignent amplement : *Mélite, La Veuve, La Suivante.* Même Célidée, dans *La Galerie du Palais,* devance son entourage en finesse et en portée. Les premières comédies de Corneille ont donc été avant toute chose des comédies qui exploraient l'univers féminin. Corneille y observe la femme dans un monde mi-mondain, mi-bourgeois[16] qui, par tradition ou par crainte, continue de se blottir dans une confortable misogynie.

On l'a dit : la cinquantaine bien sonnée, Corneille s'est mis à sermonner la petite Angélique. Réflexe pudique d'une vieillesse prématurée? Rancune de « grisonnant » que les jeunes demoiselles ne flattent plus? Ses rosseries adressées à la Du Parc, dite Marquise – « Marquise, si mon visage a quelques traits un peu vieux... » – datent probablement de la même époque. Il y a de quoi se méfier. Du coup, Angélique a un caractère « qui sort de la bienséance » ; elle est « trop amoureuse », trop crédule! A-t-on idée d'être amoureuse à ce point? N'a-t-il pas non plus décrété que « la dignité [de la tragédie] demande (...) quelque passion plus noble et plus mâle que l'amour » (*Discours du poème dramatique,* 1660)? Il s'agit de rester logique, cohérent. Il y a des passions mâles, nobles ; il y en a de femelles, basses, comme l'amour. Corneille est en proie à un accès de misogynie! Il faut donc l'abandonner à sa « sagesse » de quinquagénaire et revenir à l'homme de 28 ans qui créa les folâtreries et les illusions touchantes de sa jeunesse dorée.

Qui est-elle, cette Angélique qui nous aurait appris que « la femme est redoutable[17] »? Que représente-t-elle en face d'une virilité verbale qui masque la peur d'un amant réticent? Comment se définit-elle? non pas en fonction de la présence mâle, mais en elle-même? Angélique rêve... Elle se complaît dans un univers romanesque où règne l'amour. Elle s'abandonne à des valeurs absolues, comme le feront un jour Chimène, l'Infante, Camille, Pauline... Elle est fille d'Aphrodite, nue et vulnérable sous le feu de l'ironie et de la cruauté. Elle doit répondre aux extravagances grotesques de Philis, son amie, qui tient la fidélité pour un leurre[18] ou pour un esclavage[19]. Elle doit entendre d'une bouche trop familière qu'une fille peut se prostituer avec joie avec n'importe quel mari, et que leur soumission filiale est la conséquence naturelle d'une débilité mentale acquise avec le sexe[20]! Sous l'œil amusé d'Angélique, Philis caricature l'éthique sociale et familiale fondée sur l'autorité et l'arbitraire. Tout cela « est bon à faire rire, – lui dira Angélique – et non à pratiquer[21] ». Philis consentira néanmoins à devenir la « récompense » de Cléandre qui n'ignore point que la femme, dès son mariage, « sous les lois d'un mari sera bientôt passée[22] ». Philis s'affirme donc comme objet de possession, c'est-à-dire qu'elle donne en plein dans l'extravagance d'Alidor, obsédé, lui aussi, par le « sens quasi juridique de posséder[23] » qui est, en réalité, le sens marital : « Mari. (...) les femmes en France sont sous la tutelle perpétuelle du mari, ne peuvent faire aucun acte sans être autorisées par leur mari. Le mari est maître de la communauté » (Furetière). Ainsi, replacée dans le contexte dénonciateur de *l'extra-vagance,* Angélique apparaît chargée d'une symbolique de la pureté, de la vérité, et de la liberté.

Angélique est une intrusion dans l'ordre établi : elle se nourrit d'amour et elle en réclame le bonheur! Elle croit fermement en « l'union de deux âmes », mais elle vit dans une société qui a façonné et ratifié la primauté de l'ordre viril et parental, du mariage de convenances et, bien sûr, de l'amour physique. Angélique s'est égarée dans la sensibilité. Elle est une personne déplacée, étrangère à son milieu, une ingénue comme Voltaire en inventera au masculin. Si Angélique avait un fils, il s'appellerait Alceste, autre rêveur fou et idéaliste que Molière aima en soupirant. Pour un homme qui, bientôt, bâtira des châteaux en Espagne, Angélique est un songe de poète, un ange (son nom n'est pas une coïncidence...) de l'amour en qui Corneille a vu une femme parfaite[24], une brebis[25] parmi les loups. Remarque-t-on qu'elle n'a aucun trait caricatural? Philis, oui. Alidor, oui. Angélique, non. Elle a des excès parce qu'elle est déjà de la race héroïque. Elle est écartelée entre Amarante et Chimène. Une petite fille encore naïve qu'on oblige à jouer avec des garçons dont la voix est en train de muer. Pourtant, elle ne se révolte pas tout de suite. Elle se dit prête à jouer au jeu de société qui ressemble étrangement à colin-maillard, mais elle voudrait qu'on la saisisse à hauteur du cœur et non à la taille. Angélique baissera respectueusement les yeux, à condition qu'on veuille bien l'aimer avec persévérance. A la dialectique emberlificotée d'Alidor, elle répond sans cesse avec la simplicité du mot « foi[26] ». Ses exigences sont absolues mais restreintes : aime ou meurs. Dans le fonds, une précieuse avant la lettre? Peut-être, si on veut bien souligner qu'elle n'est pas ridicule[27]. Son amour, il est vrai, flirte avec la spiritualisation des sentiments. Quand elle ne pourra plus aimer Alidor, elle se tournera vers Dieu! Préciosité ou féminité[28]? Polyeucte aurait des choses à dire à ce sujet! Il suffit peut-être de savoir qu'elle a simplement lu et relu *L'Astrée*[29]. A moins qu'elle ne fût qu'un exemple fâcheux d'amour débordant que réprouvaient du Vair, d'Urfé lui-même, et finalement le jeune Corneille[30]? Comme on l'a dit sans ambages : «... du point de vue cornélien, [elle est] *coupable*[31] ». Voilà beaucoup de gravité pour condamner Angélique, surtout imaginant ce que Corneille va devenir à l'âge de cinquante ans! Et puisque nous parlons de sources, ajoutons-en une qui coule avec moins de tourments : François de Sales que tout le monde a lu. Aimable auteur qui plut aux dames[32], même s'il ne soutenait guère l'égalité des sexes, ce à quoi Angélique est suffisamment résignée. Psychologue du couple auquel le bon François conseille « l'union indissoluble » et la « fidélité inviolable[33] »! Angélique est une enfant de Marie qui a bien retenu les sermons du dimanche. Sa conception de l'amour et du mariage a un fondement spirituel, mystique peut-être, que Corneille n'aurait pas pu désapprouver. Sur lequel, nous semble-t-il, il a même insisté avec bienveillance.

On l'a dit : le mot « foi » lui brûle les lèvres, confondant ce que l'on doit à Dieu avec le devoir envers l'homme fidèle. Une même fusion, ou confusion, dans ses habitudes langagières entre son *cœur* qui aime et son *âme* qui aspire. Astuce sémantique qu'inventerait le critique? Peut-être, mais il n'en restera pas moins vrai qu'Angélique est le seul personnage de l'œuvre à tenir ce langage équivoque. Ce trait « bovaryste », que la petite Emma au couvent ne désavouerait guère[34], signale ou trahit une aimable disponibilité spirituelle, une passion de l'âme, dirions-nous, qui entraîne la femme à la mort ou à la solitude crépusculaire du cloître. L'entendez-vous aussi dans ses fréquentes invocations au *ciel,* comme si la sollicitude céleste se penchait sur l'ardeur de son amour? « As-tu cru que le ciel consentît à ma perte » (II.2, v. 333), dit-elle à l'infidèle. Victime de la trahison, elle interroge le ciel vengeur : « Ciel, tu ne punis point des hommes si méchants! » (II.2, v. 364). C'est du ciel qu'elle réclame la force de sa propre vengeance : « Ciel, qui m'en vois donner de si justes sujets, / Donne-m'en des moyens, donne-m'en des objets » (II.3, vs. 419-20). Prise de remords, elle s'accuse d'oser « faire au ciel une injuste querelle » (II.3. v. 425), mais reprise par le dépit, elle l'implore : « Ciel, encore une fois, écoute mon envie : / Ote-m'en la mémoire ou le prive de vie » (II.3, vs. 429-30)! Et c'est au ciel qu'elle confiera bientôt sa vie. Cette Angélique aurait bien pu inspirer la triste Elvire aux prises avec un homme qui, comme Alidor, craint l'amour des cœurs, les femmes trop attachantes et possessives (comme le leur dicte leur misogynie), le mariage, « l'union des âmes ». L'extravagance d'Alidor est domjuanesque, tout comme les douleurs d'Angélique appartiennent déjà à la couventine violée dans sa mystique amoureuse. Il y a donc en Angélique une soif d'absolu qui la rapproche des fières héroïnes cornéliennes, brûlantes d'amour comme elle[35]. Plus qu'Alidor, elle tressaille d'un désir de plénitude, d'une vocation de la perfection qui consiste à se donner tout entier à soi-même et à sa cause avec laquelle le moi exalté se confond. Angélique se serait donnée tout entière à Alidor, sans retenue, sans autre condition que la foi. Devant l'échec toutefois de l'étreinte sexuelle, elle se jette passionnément, tout entière et sans retenue, vers Dieu. Angélique n'est pas « extravagante[36] ». Elle est fougueuse comme le seront bientôt ses filles ou ses sœurs. Le propre d'Angélique, qui sera le propre de l'héroïne cornélienne des plus belles années, est le déchirement entre des passions contrastantes et irrésistibles.

La femme cornélienne ne tolère nulle mollesse, nul choix qui la ferait choir ou déchoir de l'extase et de la fougue à la léthargie ou à l'indifférence. Entre l'amour de Chimène et sa passion vengeresse, il n'y a nulle chute d'intensité. Un même élan soutient l'amour de Camille pour Curiace et sa haine pour son frère. Pauline se raidit dans son devoir conjugal et dans l'amour même qu'elle y découvre graduellement, tout comme elle se raidira sans compromission dans la découverte de sa nouvelle foi. La passion féminine chez Corneille, quelle qu'elle soit, procède toujours d'un même désir de plénitude. Angélique, loin d'en avoir été blâmée au moment où Corneille la créa, incarne la première totalité de la libido féminine dans le théâtre de Corneille. Elle est littéralement originelle et de ce fait susceptible d'être « mythifiée ». L'erreur courante a été de croire qu'Angélique ne se définissait que par l'amour ou par rapport à Alidor ; et que Corneille, sous la pression de l'âge, lui avait toujours reproché une trop vive émotivité. On peut comprendre à la rigueur que Corneille se soit finalement rangé sous la bannière de Chapelain[37], ou même qu'il se soit méfié du succès de son jeune frère Thomas, à qui l'amour avait rapporté gros en 1656[38]. Mais les vraies sources de l'*Examen* ou des trois *Discours,* voire l'intertextualité des documents, ne sont pas encore très connues. On parierait néanmoins qu'elles sont restées suffisamment étrangères à la spontanéité créatrice qui anima *La Place Royale* en 1634. Ce qui compte, ce n'est donc pas qu'Angélique se désole de ne plus être aimée avec ferveur et constance, mais qu'elle ait autant de détermination à rejeter le mariage impur qu'à s'adonner aux plaisirs spirituels de l'âme rendue à Dieu :

> Rien ne rompra le coup à quoi je me résous :
> Je me veux exempter de ce honteux commerce
> Où la déloyauté si pleinement s'exerce ;
> Un cloître est désormais l'objet de mes désirs :
> L'âme ne goûte point ailleurs de vrais plaisirs.
>
> (V.7, vs. 1481-85)

Ce n'est pas la nature du sentiment qui importe – amour, haine, ambition, dévotion, etc., –, c'est le *mouvement* que lui imprègnent une âme et un cœur héroïques.

La Place Royale aurait donc pu faire croire que Corneille se vengeait de la supériorité féminine qui avait envahi ses premières comédies. Vue sous cet angle, l'œuvre penche évidemment du côté d'Alidor et prononce effectivement Angélique coupable. Que les hommes, ou une partie importante de la critique, se serrent donc les coudes et éconduisent poliment mais fermement cette petite bonne femme qui menace constamment leur chimérique indépendance. Ah! Corneille! Il est bon de ne pas céder aux caprices d'une gamine! A y réfléchir toutefois, on se demande vraiment ce qu'un homme de vingt-huit ans aurait pu voir d'extravagant et de coupable dans le refus par une femme d'un hurluberlu qui s'étourdit avec de folles rengaines de liberté, et qui, souvenons-nous-en, est resté sans émules. C'est l'absorption de l'amour par la dignité héroïque qui a fait l'originalité de l'éthique cornélienne, et non le rejet. Si Corneille a essayé de comprendre la femme de son temps – ce que les premières œuvres indiquent assez clairement – il a dû apprendre du bon François de Sales, plus populaire encore que *L'Astrée,* que :

> Dieu conjoint le mari et la femme en son propre sang, c'est pourquoi cette union est si forte que plutôt l'âme se doit séparer du corps de l'un et de l'autre, que non pas le mari de la femme. Or cette union ne s'entend pas principalement du corps, ains du cœur, de l'affection et de l'amour[39].

Pourquoi pousserait-on Corneille du côté de la misogynie, alors qu'une nouvelle tradition, contraire à Montaigne, avait dicté de nouvelles clauses pour une trêve dans la guerre des sexes[40]? Alidor n'était qu'un mauvais joueur dans un jeu dont on avait légèrement changé les règles. Alidor, c'est l'extravagance du passé, c'est la virilité baroque, c'est la survivance risible d'une éthique dont hériteront bientôt Gormas et Diègue, alors que leurs enfants s'étreignent déjà!

Le mythe d'Angélique? On n'y pensait pas, sauf si on aperçoit en elle la femme originelle du théâtre cornélien, celle qui exige l'absolu, dans l'amour, dans la haine, dans la vengeance ; celle qui dit non à la conformité sociale : Chimène désobéissante au roi et à la cour, Camille révoltée contre la mystique patriotique, Emilie en guerre contre la pompe des Césars, Pauline dressée contre la lâcheté publique (Félix) et, en son cœur, complice de l'apostasie scandaleuse! Il faudrait ré-évaluer et revaloriser les héroïnes cornéliennes à la lumière d'Angélique. Il faudrait, comme le dirait Péguy, « déviriliser » l'œuvre de Corneille afin d'y trouver, non point une figure portée à l'émulation, mais un devenir féminin, fait de solitude et de liberté, qui sache fondre l'héroïsme en la souffrance. Alidor aboutit au grotesque. Angélique au sublime et au tragique. Si le mythe est une prise de conscience imaginaire d'une vérité ontologique, alors la résolution d'Angélique s'y prête bien davantage que la triste vacuité d'Alidor...

NOTES

Les citations du théâtre de P. Corneille renvoient aux *Œuvres complètes,* éd. André Stegmann, Paris, Editions du Seuil, 1963.

1. Antoine Adam, *Histoire de la littérature française au XVIIe siècle,* t. I, Paris, Domat, 1948 ; Octave Nadal, *Le sentiment de l'amour dans l'œuvre de Pierre Corneille,* Paris, Gallimard, 1948 ; Serge Doubrovsky, *Corneille et la dialectique du héros,* Paris, Gallimard, 1963 ; Carlo François, *Raison et déraison dans le théâtre de Pierre Corneille,* York, S.C., French Literature Publications Company ; H. Verhoeff, *Les Comédies de Corneille, une psycholecture,* Paris, Klincksieck, 1979.

2. Jacques Maurens, *La tragédie sans tragique,* Paris, A. Colin, 1966 ; Cynthia B. Kerr, *L'amour, l'amitié et la fourberie, une étude des premières comédies de Corneille,* Amma Libri, 1980 ; Harriet Ray Allentuch, « Alidor Narcissus », *Biblio 17, Actes de Fordham,* éd. Jean Macary, PFSCL, 1983.

3. Ce mot populaire peut surprendre. Il est cependant de Jacques Maurens qui évoque « les coutumes des *copains* au XVIIe siècle ». Voir *op. cit.,* p. 195. Il s'agit du « buddy system » anglo-saxon.

4. L'*Examen* date de 1660. Corneille estime que son Alidor est un « esprit extravagant », mais il ne commente guère ce trait. Il a même d'étranges condescendances : « Alidor, écrit-il, est sans doute trop bon ami pour être si mauvais amant ». Il est bien plus sévère pour Angélique dont « le caractère (...) sort de la bienséance »!

5. Selon Alidor, l'amour est une prison, une tyrannie :

> Te rencontrer dans la place Royale,
> Solitaire, et si près de ta douce *prison,*
> Montre bien que Phylis n'est pas à la maison.   (I.4, vs. 178-80)
>
> La *prison* d'Angélique aurait rompu la mienne.   (III.4, v. 673)
>
> Mais cette lâcheté m'ouvrira ma *prison.*   (IV.1, v. 900)
>
> Mon cœur, las de porter un *joug* si tyrannique,   (IV.1, v. 893)

Voir aussi ce qu'il dit du mariage : vs. 223-24 ; 250 ; 271-72 ; 276.

6.   N'a-t-on point d'autres goûts en un âge qu'en l'autre?   (I.4, v. 234)

7.   (...) aucun me peut-il dire
Si je pourrai l'aimer jusqu'à ce qu'elle expire?   (vs. 229-30)

8. Furetière, *Dictionnaire universel,* t. II.

9. Il ne s'agit pas ici d'ouvrir l'interminable débat autour de la misogynie relative de Montaigne. Rappelons toutefois que Montaigne aimait surtout les femmes pour le plaisir physique qu'elles pouvaient lui donner. L'amour, selon lui, se limitait à une sensation épidermique. Il allait jusqu'à dire « qu'ung bon mariage, s'il en est, refuse la compaignie et conditions de l'amour » (*Essais,* III, V). Pour une vue pénétrante du problème, voir Michel Dassonville, *Le cœur de Montaigne* (Bibliothèque d'Humanisme et Renaissance, t. XXV, 1963, pp. 178-86). Octave Nadal a montré (*op. cit.*) dans quelle large mesure l'œuvre de Corneille tendait à rehausser les valeurs de l'amour et, par conséquent, à valoriser la figure féminine.

10. H. Verhoeff, *op. cit.,* p. 48.

11. La dédicace *A Monsieur* *** date de 1637. Il s'agit donc d'un témoignage tardif. Il est probable que la querelle du *Cid* est déjà en train, ce qui expliquerait du moins que Corneille ne veut plus poser en champion de l'amour féminin. On sait, à ce sujet, que Chimène lui avait joué un mauvais tour!

12. André Stegmann pense que *Monsieur* *** était Henri de Campion qui, en 1641, donnait la femme qu'il aimait (?) à son ami Des Resvintes. Comment toutefois concilier cette date avec la création de *La Place Royale,* en 1634? L'hypothèse paraît faible (cf. *Corneille, Œuvres complètes,* Paris, Seuil, 1963, p. 149). Nous préférons les remarques de Jean-Claude Brunon, dans son édition critique de *La Place Royale* (Paris, Didier, 1962). J.-C. Brunon écrit : « On ignore encore l'identité de ce mystérieux dédicataire. Et on l'ignorera peut-être toujours ». Il rappelle que les épîtres dédicatoires de Corneille sont plutôt de petits manifestes où Corneille expose ses vues sur l'art dramatique. « Rien ne prouve qu'elles ne relèvent point de l'imaginaire cornélien » (p. 117).

13. J.-C. Brunon, *op. cit.,* p. XXXVI.

14. La question a été magistralement traitée par Maurice Descotes, dans son *Le public de théâtre et son histoire*, Paris, P.U.F., 1964, chapitre III. « Ce rôle joué par les femmes est absolument essentiel », écrit-il (p. 61).

15. Voilà un parfait exemple de l'hommage flatteur que rend Corneille à l'autre sexe, à côté des quelques lances rompues en faveur de la liberté virile. L'oscillation dans la dédicace est constante, tout comme l'humour dont on a peut-être négligé la finesse. Voir ce début ironique : « J'observe *religieusement* la loi que vous m'avez prescrite... ».

16. La question du niveau social auquel appartiennent les personnages de Corneille ne se poserait peut-être pas si Serge Doubrovsky n'avait soutenu que les « honnêtes gens » de Corneille sont de la « classe nobiliaire » (*op. cit.*, p. 76-77). Le critique s'appuie sur l'avis *Au Lecteur* en tête de *La Veuve,* et il nous avertit que les personnages de Corneille sont « nobiliaires » parce que nettement au-dessus de la classe des « marchands ». Rappelons néanmoins que le bourgeois ne se limitait pas au marchand. Pierre Chaunu, dans *La civilisation de l'Europe classique* (Paris, Arthaud, 1966), écrit : « Le tiers état comprend donc les officiers d'offices non anoblissants. (...) Les avocats, les financiers, les praticiens et gens d'affaires (...). Viennent, ensuite, les marchands » (p. 347). Il y a aussi l'intérêt que l'on a pour l'argent dans les comédies de Corneille, qui montre assez que ses personnages sont encore très proches du statut bourgeois : « L'argent fascine, l'argent polarise, l'argent mobilise. La montée de la bourgeoisie, c'est la montée d'un groupe d'hommes qui possède le maniement du merveilleux instrument monétaire » (P. Chaunu, *op. cit.*, pp. 351-52). Corneille a peint des « honnêtes gens » qui pouvaient aspirer au statut nobiliaire, mais qui étaient restés bourgeois dans l'âme. Leur attribuer, comme à Alidor, un grandiose « projet aristocratique » nous paraît forcer les choses (voir S. Doubrovsky, *op. cit.*, p. 67) ; à moins que l'on ne souligne la maladresse comique du projet alidorien, car dans ces conditions la conscience « aristocratique » devient un avant-goût de la démence de Monsieur Jourdain.

17. H. Verhoeff écrit : « *La Place Royale* nous apprend une vérité que nous devons retenir dans l'analyse des autres pièces de Corneille : la femme est redoutable » (*op. cit.*, p. 48). Nous flairons ici une fausse crainte prêtée par le critique à Corneille. L'idée que « dans l'univers cornélien la femme est une menace pour l'homme » (p. 49) pourrait aisément s'étendre à une grande partie de la littérature écrite par les hommes. La crainte du mystère féminin ou de son emprise est propre à l'espèce : qu'on relise Racine, Constant, Claudel, Montherlant. La liste est infinie et nous sommes finalement dans le domaine de la thématique universelle. Cet aspect néanmoins, sauf en Alidor, nous paraît moins probant chez Corneille que chez d'autres. Des pointes d'appréhension naturelle ne déterminent pas nécessairement les lignes de force de l'écriture.

18.   La constance est un bien qu'on ne voit en pas un,   (II.4, v. 444)

19.   Et l'exemple d'autrui m'a trop fait reconnaître
               Qu'au lieu d'un serviteur c'est accepter un maître.   (I.1, vs. 49-50)

20. A Cléandre : Sachez que mes désirs, toujours indifférents,
               Iront sans résistance au gré de mes parents ;
               Leur choix sera le mien : (...)   (V.1, vs. 1248-50)

    à Doraste : Non, à dire vrai, que son objet me tente,
               Mais mon père content, je dois être contente.   (V.5, vs. 1374-75)

    à Angélique : Et laisse à tes parents à disposer de toi.
               Ce sont des jugements imparfaits que les nôtres :   (V.7, vs. 1469-70)

21. I.1, v. 84.

22. I.4, v. 254.

23. Jacques Maurens, *op. cit.*, p. 195.

24. Alidor :   Mais las! elle est parfaite, et sa perfection
               N'approche point encor de son affection ;   (I.4, vs. 191-92)

25. Nous empruntons ce mot à Han Verhoeff, même si nous lui donnons un sens moins péjoratif. « Angélique, écrit M. Verhoeff, est une brebis galeuse sur laquelle converge l'agressivité des autres personnages et sur laquelle sont projetées les faiblesses et les peurs des hommes » (p. 48).

26. Angélique a une fixation de la fidélité (ce qui est déjà très cornélien et anti-alidorien) ; elle a constamment le mot « foi » à la bouche : vs. 335, 359, 428, 740, 859, 1189, 1206, 1448, 1486.

27. L'idée d'une préciosité qui était précisément définie par le ridicule a fait son chemin, surtout depuis l'excellente étude de Jean-Michel Pelous, *Amour précieux, Amour galant : 1654-1675* (Paris, Klincksieck, 1980). Angélique serait « précieuse » dans la mesure où le terme impliquerait

une tentative désespérée pour valoriser l'amour et la condition féminine. « Précieuse » aussi parce qu'elle entretient une conception nettement mystique de l'amour, comme nous essayons de le démontrer ici.

28. La spiritualisation de l'amour, longtemps associée à la préciosité du XVIIe siècle, relève surtout, semble-t-il, d'un réflexe purement féminin. On en trouve d'évidentes traces dans la littérature féminine du XVIe siècle. Ou la femme chante les amours, ou elle chante Dieu, sans que son registre lyrique ne change vraiment. Louise Labé ou Pernette du Guillet chantent l'amour avec une ardeur spirituelle que Gabrielle de Coignard ou Marguerite de Navarre ne désavoueraient pas. Certaines constantes de l'écriture féminine révéleraient sans doute que la « préciosité » sans ridicule n'était finalement qu'un terme pour désigner à une époque donnée une vieille tradition du devenir féminin.

29. Pour l'influence de *L'Astrée* sur le théâtre des années 30, cf. Octave Nadal (*op. cit.*, Deuxième partie, Chapitre III). Voir aussi Louis Lecercle, *L'amour de l'idéal au réel* (Paris, Bordas, 1971), qui souligne l'intérêt que portait *L'Astrée* à la question de la fidélité (p. 128).

30. Il faut se reporter ici à la thèse de Jacques Maurens (*op. cit.*). L'opposition à l'amour trop passionné viendrait de du Vair, passerait par d'Urfé, pour aboutir à Corneille. D'une façon ou d'une autre, Angélique serait à blâmer.

31. Serge Doubrovsky, *op. cit.*, p. 74.

32. Jean Calvet, en parlant de l'influence de l'*Introduction à la vie dévote* : « Ce petit livre a ainsi un mérite unique : incorporé à l'esprit religieux de la race, il a formé la femme française, cette maîtresse de maison, cette mère de famille de la bourgeoisie ou du peuple, qui passait du couvent au mariage comme à une profession religieuse » (*La littérature religieuse de François de Sales à Fénelon*, Paris, del Duca, 1956, p. 55).

33. *Introduction à la vie dévote*, dans *Œuvres*, Paris, Gallimard, « La Pléiade », 1969, p. 234.

34. On se souvient du passage où Flaubert prête à Emma enfant de faux élans mystiques qui ne sont pas sans fondements érotiques (*Madame Bovary*, I, Chapitre 6).

35. Au risque de dire ce que tout le monde sait, rappelons la fougue pathétique de Chimène, la passion aveugle de Camille, le feu intérieur de Pauline. Dommage que Corneille n'y soit plus revenu à partir de *La Mort de Pompée*.

36. « ... l'extravagance d'Alidor suscite celle d'Angélique », écrit Cynthia B. Kerr (*op. cit.*, p. 75).

37. Chapelain avait été l'auteur d'un *Discours contre l'Amour*, lu à l'Académie en 1635. C'est le même Chapelain qui, deux ans plus tard (année du *Cid* et de la première édition de *La Place Royale*), devait jouer un rôle important et conciliateur dans la querelle du *Cid*.

38. Le *Timocrate* de Thomas Corneille égala presque en succès l'accueil fait au *Cid*. Cf. Maurice Descotes, *op. cit.*, pp. 107-109.

39. *Introduction à la vie dévote, op. cit.*, p. 234.

40. C'est une tradition dont Mademoiselle de Gournay, fille adoptive de Montaigne, avait assuré la persistance. C'est parce que les écrits en faveur des femmes se multipliaient, que des répliques comme celles de Jacques Olivier (*Alphabet de l'imperfection et malice des femmes*, 1617) ou de Chapelain voyaient le jour. L'influence des femmes en littérature (et au théâtre en particulier) était cependant telle que nul ne pouvait rester sourd à l'appel féminin. Si Corneille a pris parti, c'est moins *contre* la femme que *pour* elle.

MICHEL L. BAREAU
University of Alberta

Au nom du fils et du père :
de la tragédie nobiliaire dans *Le Cid*

« Qui t'a rendu si vain » c'est ainsi que débute le procès de Rodrigue, « Sais-tu bien qui je suis? » (II.1, vs. 407 et 411) ajoutera don Gomès, conscient de sa valeur. A la première de ces questions, Rodrigue ne répondra pas : l'agent de sa « vanité » est don Diègue, mais cette vérité restera inexprimée, en définir les sources et les causes profondes est l'une des raisons d'être de cette étude. Et cependant, lorsque Rodrigue avait, dans des termes similaires, interrogé don Gomès : « Connais-tu bien don Diègue? » il en avait reçu une réponse immédiate, laconique et précise : « Oui. » Eludées ou non, ces réponses soulignent le vif contraste qui régit le comportement des héros. La tradition critique a depuis bien longtemps caractérisé la nature du conflit : deux « maisons de puissance égale » s'affrontent, le Roi en est le régulateur et l'arbitre[1], et la définition des adversaires : Rodrigue plein d'ardeur est déchiré entre son amour et son devoir, don Diègue, un vieil homme dont le sens de l'honneur est quelque peu tyrannique, fidèle serviteur de l'Etat, est entièrement dévoué à son roi, insulté, il est finalement réhabilité ; le comte de Gormas, un homme violent, est un bravache que Rodrigue mettra hors-jeu dans les coulisses, et dont la mémoire sera désormais « la proie des vivants[2] ». Cette perception, que nous avons à dessein caricaturée, nous laisse sur notre faim car l'examen de la pièce comporte des zones d'ombre trop peu explorées ; amour, devoir, vertu, ces fanals de la gloire balisent une surface dont le désordre contrôlé dissimule le tourment déchaîné des eaux profondes. L'objet de cette étude repose sur une tentative de réévaluation de la cohérence dramatique dans *Le Cid* en fonction des données de la psychologie collective, des comportements sociaux et de leur perception par le public à un moment de l'histoire dominé par une « fronde » larvée en politique intérieure, et par une nouvelle crise dans les relations franco-espagnoles[3]. Notre premier angle d'attaque consistera à examiner la réputation bien établie de bravache faite au comte de Gormas, car cette perception, qui remonte au début de la *Querelle du Cid,* en faussant l'équilibre dramatique, a conduit la critique à envisager la tragi-comédie à travers un écran semé d'oubliettes.

Rappelons tout d'abord qu'une campagne de presse anti-espagnole d'origine gouvernementale a sévi en France de 1590 à 1659, et que l'une de ses composantes essentielles a été le travesti de l'Espagnol en capitaine fanfaron : mémoires, théâtre, pamphlets, libelles, gravures, en témoignent : le héros espagnol est un « rodomont[4] ». La guerre unilatéralement déclarée par Richelieu à l'Espagne, et indirectement au parti espagnol de la Cour, implique nécessairement que le fait de glorifier un héros espagnol sur la scène française restait lié à l'influence de la conjoncture politique et aux stéréotypes négatifs de la représentation de l'Espagne péninsulaire en France. Scudéry, dans ses *Observations sur Le Cid*[5], n'échappe pas à cette influence lorsqu'il souhaite que Corneille ait modifié son personnage « afin que d'un Capitan ridicule, il eust fait un honneste homme » car, précise-t-il, « tout ce qu'il dit [est] plus digne d'un fanfaron, que d'une personne de valeur et de qualité » ; puis, ne citant pas moins de trente-cinq vers à l'appui de sa critique, Scudéry invite son lecteur à voir en quels termes Corneille « fait parler ce Capitaine Fracasse ». On ne s'étonne pas de le voir établir une parenté de comportement et de discours entre don Gormas et le capitaine fanfaron de *L'Illusion comique* :

> Je croirois assurement qu'en faisant ce roolle, l'Autheur auroit cru faire parler Matamore et non pas le Comte ; si je ne voyois que presque tous ses personnages ont le mesme stile : et qu'il n'est pas jusqu'aux femmes, qui ne s'y piquent de bravure. (*Observations...*, éd. cit., pp. 85-86)

Ainsi, pour Scudéry, le comte de Gormas est-il décidément un capitaine de comédie. Ce qu'il confirme plus loin lorsqu'il avance que la présence de don Arias ne se justifie guère qu'afin de donner sujet au comte de Gormas « de pousser une partie des rodomontades » (*ibid.*, p. 88), qu'il a signalées auparavant. L'influence exercée par la campagne de presse anti-espagnole a donc conditionné la perception du héros espagnol. L'auteur de *La Voix publique à Monsieur de Scudéry sur les Observations du Cid*, pamphlet de 7 pages paru à Paris la même année, affirme cependant : « C'est trop faire le bon François que de vouloir perdre le Cid, parce qu'il est Espagnol » (*op. cit.*, éd. cit., p. 152). Faisant allusion au Comte de Gormas, l'auteur du *Souhait du Cid en faveur de Scudéry*, mentionne « ce Rodomont (...) dont la mort est arrivée il y a environ six cent ans » (*op. cit.*, éd. cit., p. 173). Dans le *Jugement du Cid composé par un bourgeois de Paris, marguillier de sa paroisse*, pamphlet attribué à Sorel, on peut lire :

> Je scais bien que Dom Gormas est un fanfaron, mais ce qu'il dit n'est pas desagreable au peuple. Je sçay bien que le Roy a tort de ne l'envoyer pas arrester, au lieu de l'envoyer prier de s'accommoder, mais cela estant il ne fut pas mort. (...) Don Gormas est un vray Capitan de Comedie, ridicule en parlant de soy, et insolent en parlant du Roy.
>
> (*Op. cit.*, éd. cit., pp. 234 et 236)

Et nous en venons aux *Sentiments de l'Académie françoise sur la Tragicomédie du Cid* dont le compromis, rédigé par Chapelain, est un modèle de co-existence entre le glaive et la plume, entre la chèvre et le chou :

> Nous pourrions croire d'un coste que le Comte, de quelque sorte qu'il parle de luy-mesme, ne devroit pas passer pour fanfaron, puisque l'histoire, et la propre confession de D. Diegue, luy donne le tiltre de l'un des vaillans hommes qui fussent alors en Espagne. Ainsi du moins n'est-il pas fanfaron, si l'on prend ce mot au sens que l'Observateur l'a pris, lorsqu'il l'a accompagné de celuy de Capitan de la Farce de qui la valeur est toute sur la langue. Si bien que les discours ou il s'emporte, seroient plustost des effects de la presomption d'un vieux Soldat, que les fanfaronneries d'un Capitan de Farce, et des vanites d'un homme vaillant, que des artifices d'un poltron, pour couvrir le defaut de son courage. D'autre coste les hyperboles excessives, et qui sont veritablement de theatre, dont tout le roole de ce Comte est remply, et l'insupportable audace avec laquelle il parle du Roy son Maistre, qui a le bien considerer, ne l'avoit pas trop mal traitté en preferant D. Diegue a luy, nous font croire que le nom de fanfaron luy est bien deu, que l'Observateur le luy a donne avec justice. Et en effect il le merite si nous prenons ce mot dans l'autre signification, ou il est receu parmy nous, c'est a dire d'homme de cœur, mais qui ne fait de bonnes actions que pour en tirer avantage, et qui mesprise chacun, et n'estime que soy-mesme. (*Op. cit.,* éd. cit., pp. 376-77)

Ainsi en aura jugé l'Académie, en coupant sur mesure une définition du fanfaron à seule fin d'en affubler sans autre forme de procès le défunt Comte. Par quelque aspect que l'on veuille l'envisager, don Gomès sera donc sacré « fanfaron », ce que la postérité n'a pas voulu démentir. La dégradation du Comte dans le cadre de la polémique a fixé une effigie ambiguë dans la conscience critique qui s'est attachée à l'analyse du *Cid* : l'ombre d'un Matamore bouffon hante et trahit la mémoire du Comte. De plus, si le Comte ne pouvait plus être perçu comme le personnage de la comédie, non seulement l'interprétation structurale de la pièce serait à reconsidérer, mais il conviendrait en outre de rechercher ailleurs les éléments « comiques » de la tragi-comédie. Enfin, notre tentative de réhabilitation du comte de Gormas[6] suppose une réévaluation des situations et une mise en question parallèle de la définition des autres personnages. Très curieusement, l'examen de la pièce nous laisse une impression de porte-à-faux, l'impression que les stances, la recherche de la gloire, les conflits de l'amour et du devoir nous « di-vertissent » du véritable problème d'identification des personnages. Qui sont-ils et quels sont leurs mobiles? C'est à ces questions que nous allons tenter de répondre, tout en soulignant les ambiguïtés de cet hymne à la Gloire imité de Guilhem de Castro. Il est temps d'ouvrir l'enquête.

Deux « maisons » sont sur le point d'entrer en conflit : celle de don Diègue et celle de don Gomès. Les forces en présence seront-elles suffisamment égales pour que nous puissions espérer qu'une lutte dramatique, prolongée et sans merci, viendra soutenir l'intérêt de l'action? De toute évidence, non. Corneille nous en informe par touches successives, dès l'exposition, lorsque Elvire annonce à Chimène que don Gomès envisage favorablement l'union de sa fille et de Rodrigue : « Il estime Rodrigue

autant que vous l'aimez, (...) Il vous commandera de répondre à sa flamme »
(I.1, vs. 4-6). Soulignons dès maintenant que la toile de fond sur laquelle
s'inscrivent les représentations de cette société est, paradoxalement, aussi
peu vraisemblable que celle de *L'Illusion comique.* On y retrouve un
univers nobiliaire de fantaisie qui ne correspond ni au troc et brigandage de
l'Espagne médiévale du Cid, ni à l'Europe du XVIIe siècle, au cours duquel
les canons de la noblesse composèrent bien souvent avec un mercantilisme
de bon aloi. La cohérence fictive de la noblesse dans *Le Cid* présuppose
une adhésion sans faille au credo de l'absolutisme nobiliaire. Fiction qui
n'exclut pas la vraisemblance. Certes, on ne décide pas à cette époque d'un
mariage à la légère : on pèse soigneusement les titres de noblesse, les
alliances, les rapports d'influences, les terres, les rentes, les « espérances »,
etc., mais reconnaissons que si les sentiments ne sont pas déterminants, ils
ne sont pas nécessairement contrariés. Dans cette noblesse fictive, comme
dans la réalité, on recherche, pour les futurs époux, l'égalité des biens et des
titres nobiliaires, afin d'établir, éventuellement sur espèces sonnantes, le
prélude indispensable à l'harmonie d'un couple bien assorti. Nous venons
d'apprendre que le Comte est disposé à unir sa fille à Rodrigue. Fille
unique, Chimène héritera sans le moindre doute du titre de comtesse, et la
loi salique, plus connue en France qu'en Espagne, n'aura pas même besoin
d'être invoquée. Mais qu'en est-il de Rodrigue? Si son père était comte,
Corneille nous l'aurait confié, or il nous tient un tout autre discours par la
bouche d'Elvire, suivante, et comme telle fort susceptible de dorer la pillule
à Chimène pour la convaincre d'accepter Rodrigue pour mari – ce qui
pourrait laisser supposer l'existence d'un obstacle :

> (...) Tous deux sont dignes d'elle,
> Tous deux formés d'un sang noble, vaillant, fidèle,
> Jeunes, mais qui font lire aisément dans leurs yeux
> L'éclatante vertu de leurs braves ayeux.
> Don Rodrigue surtout (...)
> (...) sort d'une maison si féconde en guerriers
> Qu'ils y prennent naissance au milieu des lauriers.
>
> (I.1, vs. 25-32)

Elvire ayant ainsi rapporté les paroles du Comte, nous savons que Rodrigue et l'autre prétendant à la main de Chimène appartiennent à la vieille
noblesse, mais aucune mention n'est faite du rang ou de la fortune. Pour le
public français se dégage une première zone d'ombre. Abstraction faite du
respect que l'on devait à Anne d'Autriche, on croyait volontiers en France,
en raison de la polémique anti-espagnole qui y sévissait depuis 1590, que la
noblesse espagnole ne pouvait prétendre à « l'antiquité » des autres maisons d'Europe, et qu'en outre, les habitants des provinces du nord de la
péninsule ibérique, ayant échappé à la conquête islamique, se prétendaient
tous nobles sans considération aucune de leur origine ou rang social. Pour
un public inspiré par les préjugés imposés par les stéréotypes de la polémique, don Diègue doit appartenir à la petite noblesse, tandis que le Comte

est un Prince en puissance : « *conde* » étant le rang le plus élevé, après le Roi, dans la hiérarchie nobiliaire de l'Espagne médiévale. L'équilibre entre les deux maisons ne peut donc exister que par la volonté du Comte, dépassant librement et généreusement les coutumes établies, et ce au bénéfice exclusif de don Diègue et de Rodrigue. Elvire nous brosse un portrait extrêmement laudatif du Comte, ce qui ne saurait surprendre étant donné qu'elle s'adresse à Chimène et fait partie de la maison des Gormas :

> Le Roi doit à son fils élire un gouverneur
> Et c'est lui que regarde un tel degré d'honneur :
> Ce choix n'est pas douteux et sa rare vaillance
> Ne peut souffrir qu'on craigne aucune concurrence.
> Comme ses hauts exploits le rendent sans égal,
> Dans un espoir si juste il sera sans rival.
>
> (I.1, vs. 43-48)

Enfin, la symétrie de la composition apparaît nettement, occultant la zone d'ombre, lorsque, ayant cédé aux instances de Rodrigue, don Diègue, au sortir du Conseil, demande au Comte chargé d'honneurs la main de Chimène pour son fils. Il est donc légitime d'augurer du prochain mariage des jeunes gens. Plaqué sur le schéma idyllique des alliances harmonieuses en temps de paix, le « soufflet » éclatera comme un coup de tonnerre dans un ciel serein. Par la suite, lorsque nous apprendrons que le consentement de don Diègue était lié à son espoir d'obtenir le gouvernorat du Prince, nous constaterons avec incrédulité que suivant son optique un peu particulière, le fait de « l'emporter » sur le Comte lui « a enflé le cœur » d'une vanité telle qu'il s'est persuadé que ce nouvel « honneur » l'autorisait à franchir d'un seul élan, tel le chat botté, tous les échelons de noblesse qui le séparent du Comte. Ce qui implique que contrairement à l'opinion généralement exprimée, et que l'on retrouve sous la plume d'un critique aussi averti que Georges Couton, les deux « maisons » ne sont pas vraiment rivales, en ce sens qu'elles se situent à l'opposé l'une de l'autre dans l'ordre de la hiérarchie nobiliaire. Loin d'en avoir gardé le secret, Corneille a, en fait, soumis à la discrétion du public les éléments indispensables à l'éclaircissement de ce point essentiel. On s'est interrogé sur la raison d'être de l'Infante dans la trame du *Cid*. Pure innovation de l'auteur, son existence n'ayant jamais été attestée. Le personnage est pathétique et hautement tragique, avec un amour sacrifié dans le silence et dont la douleur est sublimée mais aussi éclipsée par le brio ostentatoire du couple Chimène / Rodrigue. Cet éclat, et l'atmosphère de prouesse qui imprègne la comédie, ont conduit à l'envisager sous l'angle de rivalités et de conflits basés sur des oppositions de type manichéiste, et cela au détriment de la peinture féroce d'un moment dans l'évolution interne d'une petite noblesse impatiente d'accéder au pouvoir des « Grands ». L'Infante, future Reine de Castille, reconnaît implicitement le statut réel de la noblesse de don Diègue. Elle aime Rodrigue et l'avoue à sa suivante, Léonor, qui *s'indigne* du rang inférieur occupé par la maison des Bivar, et dénonce sans ambiguïté cette possibilité de mésalliance :

> Une grande princesse à ce point s'oublier
> Que d'admettre en son cœur un simple cavalier!
>
> (I.2, vs. 87-88)

Simple cavalier! La cause est entendue. Le public est désormais confirmé dans son premier jugement : si entre Chimène et l'Infante la différence de noblesse n'est que d'un degré, en revanche, le père de Rodrigue n'est qu'un gentilhomme de petite noblesse, que le pouvoir royal a laissé à ce rang. Notons que don Diègue ignorera toujours les sentiments de l'Infante à l'égard de son fils, et les eût-il connus, quels rêves de mésalliance royale n'eût-il pas entretenus!

Deux adages fortement ancrés dans la conscience collective, conditionnent la psychologie des personnages du *Cid,* ils sont complémentaires : « Tel père, tel fils » et « Bon sang ne peut mentir ». Les couples de la tragi-comédie s'organisent suivant ces deux adages : don Fernand, monarque / dona Urraque, Infante ; don Gomès / dona Chimène ; et don Diègue / don Rodrigue. La définition de haute noblesse étant déjà établie pour les premiers, c'est autour de don Diègue et de Rodrigue que se développent les zones d'ombre et d'imprécision. Dans le Tiers, le fils hérite de l'Etat du père ; ces Etats peuvent être négociés, achetés ou cédés. Pour la Noblesse, l'Etat en question reste étroitement lié aux alliances et aux possessions domaniales auxquelles sont attachés les titres, les rentes et les signes de l'appartenance à cette classe privilégiée. Au cours du XVIIe siècle, la noblesse traditionnelle, d'épée, menacée par une bourgeoisie envahissante, est relativement dominée par un phénomène de fermeture. Afin de se maintenir, restreinte ou élargie, une famille noble doit observer une discipline de cohésion indispensable à sa conservation et à sa prospérité, tandis que la légitimation des branches bâtardes et l'aventure des « cadets » contraints de chercher fortune lui offrent une possibilité de renouvellement. Le paradoxe est que l'univers mythique de la noblesse cornélienne tend à imposer au public un idéal absolu, tandis qu'un discours sous-jascent prenant en compte les rapports humains et économiques, ruine simultanément les fondements mêmes de cette noblesse ostentée. Si le fils, unique ou aîné, doit inscrire sa destinée dans la ligne définie par les actes du père, celui-ci voit dans le fils le successeur qui doit se modeler à son image : le fils, portrait du père, en est la juste réplique. Une relation pré-établie de gémellité différée régit les rapports familiaux, jusqu'au point de rupture où cette complicité générative est mise en question par l'affirmation d'une volonté d'indépendance, plus proche, à cette époque, de la prise de pouvoir que d'un conflit de générations. Les adages que nous avons mentionnés s'appliquent à la lettre, dans la mesure où les obscurs cheminements de la génétique ne se sont pas fourvoyés dans les mésalliances, ou dans les amours ancillaires. La psychologie et le comportement de Rodrigue et de

Chimène sont déterminés par leur capital génétique et nobiliaire, ce qui apparaît d'autant plus clairement que l'absence totale des mères contribue à en préserver la limpidité.

Mais revenons au Comte et essayons de préciser, suivant la dialectique nobiliaire de l'époque, la perception que l'on a pu avoir, hors polémique, de son comportement. Pouvait-on être scandalisé par le refus de don Gomès de céder aux instances de don Arias, dépêché par le Roi afin d'exiger du Comte une complète « soumission » à don Diègue? Les défenseurs de l'absolutisme monarchique acquiesceront, et fausseront les termes de la dialectique en faisant du Comte un capitaine de comédie. Mais en fait, tant sur le plan de l'honneur que sur celui de la politique, l'exigence royale est inacceptable : un Grand de la Cour ne pouvant s'abaisser à présenter, même sur instruction royale, des excuses à un simple gentilhomme. Obtempérer reviendrait à ruiner les fondements d'un équilibre social reposant sur le maintien des castes ; en outre, quelle serait désormais l'autorité du Comte, seul rempart contre les Maures, s'il reniait ainsi son rang et sa légende? De plus, le public et don Gomès savent, ainsi que nous le soulignerons plus loin, que l'agresseur est en réalité le père de Rodrigue. Le contraste voulu entre don Arias, gentilhomme castillan, dont la fidélité et la soumission à l'égard du pouvoir royal évoquent un fonctionnarisme timoré mais respectable, et le Comte «Grand Seigneur », contribue à nous éclairer sur sa personnalité telle que Corneille a voulu nous la présenter. Il est évident que le père de Chimène est d'autant plus fidèle à la couronne qu'il suit une décision de son libre-arbitre : s'il n'était dévoué au Roi, il pourrait se retirer dans ses terres, se contenter d'observer ou de monnayer un lien de vassalité peu contraignant et agir en souverain dans ses Etats. En outre, sa valeur devrait le conduire à « fronder », à s'emparer du pouvoir et le conserver. Mais, parangon de loyauté, cette pensée, qui hantera un public que la faiblesse monarchique et les malheurs de Corbie inquiètent, lui restera étrangère. La péninsule ibérique – mais il se peut que dans son ensemble le public l'ait ignoré, bien que l'on n'ait pas manquer de le rappeler avec insistance dans les pamphlets et libelles de la campagne de presse anti-espagnole, et dans les ouvrages d'histoire portant sur l'Espagne et le Portugal – était, à cette époque médiévale, divisée en nombreux royaumes indépendants : les *taifas*. Etant donné le double outrage qu'il reçoit du Roi – son éviction du gouvernorat et l'obligation qui lui est faite de s'humilier devant un «simple cavalier » – il eût été admissible qu'il entrât en rebellion ouverte contre une autorité royale qui le récompensait si mal de sa générosité. Dans ce procès implicite de l'autorité monarchique, une leçon se dégage : pour la haute noblesse, être au service du Roi est incompatible avec l'état de domesticité. Le mécontentement des Grands se profile au premier plan de la conscience politique. Pour un don Arias, homme de Cour, formé, limé, aux rouages de la dépendance administrative, le comportement indépendant du Comte est inconcevable. Corneille a enserré l'inaltérable credo de la fierté nobiliaire dans une série de formules lapidaires qui peignent et classent don Gomès :

> Désobéir un peu n'est pas un si grand crime
> (...)
> Un jour seul ne perd pas un homme tel que moi
> Que toute sa grandeur s'arme pour mon supplice,
> Tout l'Etat périra, s'il faut que je périsse.
> (...)
> Il a trop d'intérêt lui-même en ma personne
> Et ma tête en tombant ferait choir sa couronne.
> (...)
> J'ai le cœur au-dessus des plus fières disgrâces
> Et l'on peut me réduire à vivre sans bonheur,
> Mais non pas me résoudre à vivre sans honneur.
> (II.1, vs. 365-96)[7]

Le discours du Comte est bien celui d'un Grand Capitaine, son portrait en « rodomont » repose sur une représentation polémique dont le but est de détourner l'attention du véritable problème : la contestation de l'autorité royale. Il va de soi que ce masque a été perçu comme tel par les contemporains, et l'indicible mise en question de la monarchie absolue « condamnée » en la personne du Comte, n'en a pas moins été posée. La noblesse de la Cour de France n'a pu s'y méprendre : le Comte est l'un des leurs, il incarne sans faiblesse l'éthique et la morale de leur classe. L'intervention indirecte de Richelieu dans la « Querelle du Cid » aura donc pour effet principal de tenter de dégrader, publiquement, mais dans le cadre – politiquement non compromettant – de la polémique, cette noblesse en instance de rebellion que l'on assimilera aux capitaines fanfarons[8]. On comprend mieux, dès lors, l'extrême prudence manifestée par l'Académie sous la plume de Chapelain. Certes, par la suite, Corneille, dans son *Examen* de 1660, évoquera « l'indignité d'un affront fait à un vieillard, chargé d'années et de victoires », et justifiera le fait qu'il n'a pas représenté sur scène la mort du Comte, par son souci de voir le public ne pas éprouver d'aversion pour Rodrigue, « ce malheureux amant, qu'ils ont vu forcé par ce qu'il devait à son honneur d'en venir à cette extrémité, malgré l'intérêt et la tendresse de son amour ». Mais cette profession, *a posteriori,* de bons sentiments n'est pas confirmée par la lecture attentive de quelques scènes clés.

Quelle interprétation donner à la scène du soufflet? Gardons-nous de céder à un sentiment de commisération pour le noble vieillard et résumons nos conclusions. Sur le fonds, la décision du roi illustre une certaine irresponsabilité monarchique : le royaume étant placé sous la menace constante et imminente de l'envahisseur islamique, le Prince doit apprendre en priorité le métier des armes, et « sur le terrain ». De plus, l'argumentation du Comte est d'une justesse irréfutable, car avancer, suivant le discours du principal intéressé, que l'expérience d'un Capitaine peut s'acquérir par la seule lecture des œuvres de Plutarque, ou pire, en subissant le radotage d'un précepteur, est une absurdité qui ne repose que sur la sénilité ou la mauvaise foi d'un don Diègue (qui prétend implicitement surpasser en renommée Alexandre le Grand). Soulignons encore que le fait de se voir attribuer la charge de « gouverner » le Prince n'est pas une vice-royauté ; ce n'est que le premier préceptorat de la Cour. Pour un « simple cavalier » c'est effectivement un grand honneur, une marque de confiance, une distinction de « fin de carrière » en reconnaissance de fidèles et loyaux services, mais il n'en reste pas moins au bas de l'échelle nobiliaire. Pour le Comte, ce gouvernorat devait lui être attribué afin qu'il puisse par son exemple et enseignement assurer la conservation du royaume, et non comme le signe d'une reconnaissance royale qui l'élèverait aux yeux d'autrui : de semblable « marque d'honneur », il n'a nul besoin.

Lors de la confrontation don Diègue/don Gomès, le premier ne cessera de susciter l'irritation, puis la colère du Comte. La stratégie verbale de don Diègue consiste à jouer sur le mot honneur[9], en assimilant la dignité à l'honneur, et à feindre dès lors d'appartenir à la haute noblesse, celle du Comte. Prétention insupportable pour un noble irrité. Au cours de la scène, don Diègue ne manque pas une occasion de « *jeter son venin* », de le provoquer avec dissimulation, et c'est après avoir versé de l'huile sur le feu de la colère du Comte, qu'il propose « généreusement » l'union de sa noblesse asturienne à la maison des Gormas. Non seulement assimile-t-il sa petite noblesse à celle du Comte, mais usurpant le privilège d'un Grand Seigneur, il lui offre son alliance. Impudence, insulte délibérée, outrancière falsification, la conclusion du Comte reste la seule possible :

> A des partis plus hauts ce beau fils doit prétendre
> Et le nouvel éclat de votre dignité
> Lui doit enfler le cœur d'une autre vanité.
>
> (I.3, vs. 170-72)

Sous le sarcasme se profile l'Ange Exterminateur d'un conflit de classe : don Diègue est rejeté au rang inférieur qu'il n'a en fait jamais quitté. Par vanité, jalousie, envie et frustration, don Diègue a détruit les chances d'union de Rodrigue et de Chimène dans une conjoncture où tous les partis semblaient d'accord. Son insatiable ego lui dictant que sa renommée est éternelle, il doit, tel Saturne, éteindre sa descendance : le don Diègue ouroborique ne peut souffrir la gloire d'autrui[10]. Don Gomès en étant perçu comme l'usurpateur, une postérité issue de l'union de son reflet, Rodrigue, et de la fille de l'objet abhorré, est donc inconcevable. Deux « bonnes » raisons pour étouffer dans l'œuf ce détestable projet d'union. Obéissant à des motivations inavouables, il doit créer la fausse impression que le Comte est responsable de l'échec du projet : il lui fera donc articuler les termes du refus. Parallèlement, don Diègue tente de nier la noblesse du Comte en recourant à un simulacre qui consiste à feindre de lui attribuer des sentiments vils et bas, en principe incompatibles avec l'éthique nobiliaire, tels que l'envie, la soif d'honneur, la brigue pour évincer un rival, pour aboutir finalement à prononcer son indignité ; ce faisant, il projette sur le Comte ses propres frustrations et motivations. L'emploi éhonté de semblables contre-vérités permet de mesurer une fois encore la distance qui sépare la haute de la petite noblesse, la première présentant par rapport à la roture un niveau d'idéalisme, de la silice au cristal, auquel n'atteint pas la seconde. Enfin, suivant les conventions de l'époque, le soufflet « mérité » qui atteint l'impudent vieillard, immédiatement suivi de sa piètre mise en défense, démontre sans la moindre ambiguïté son inaptitude à l'exercice du préceptorat dont il s'enorgueillit. L'altercation et sa conclusion masquent la justesse des déclarations politiquement iconoclastes du Comte, qui seraient irrecevables si autre qu'un... « rodomont » ne les avait exprimées :

> Pour grands que soient les rois, ils sont ce que nous sommes :
> Ils peuvent se tromper comme les autres hommes.
>
> (I.3, vs. 157-58)

Telle la tortue de la fable, don Diègue qu'alourdit la tare d'un comportement roturier n'a pu s'élever au rang convoité, le soufflet ayant brisé l'illusion de grandeur, usurpée, dont il se berçait. Personnage saturnien, son comportement sera désormais dominé par la haine et une tenace volonté d'auto-destruction.

Dans la scène suivante, livré à lui-même, n'ayant que le public pour témoin, don Diègue, que le choc avec la réalité n'a pas guéri de son illusion, mais dont au contraire les passions ont été exacerbées, assoiffé de vengeance, s'obstine contre toute évidence à attribuer au « jaloux orgueil » du Comte, sa déconfiture et le résultat, « juste châtiment d'un insolent discours », de sa provocation. Il lui faut, prétend-il, venger son affront, mais lorsqu'il ordonne : « Viens, mon fils, viens, mon sang, viens réparer ma honte, / Viens me venger » (I.5, vs. 266-67), puis « Va, cours, vole, et nous venge » (*ibid.*, v. 290), il envoie tout simplement Rodrigue au sacrifice. Le Comte, qui est tout l'opposé d'un capitaine de comédie, devrait n'en faire qu'une bouchée. En proie au délire d'une fureur incendiaire, don Diègue veille à l'extinction de sa descendance.

La seconde scène d'altercation, celle du défi, est révélatrice des mécanismes régissant, « Tel père tel fils », le comportement de Rodrigue. Dès le début de la scène, les protagonistes savent qu'ils devront, contraints par la casuistique de l'honneur, se soumettre à un rituel de défi et d'expiation. Il leur faudra en respecter les formes, sans pouvoir s'en retirer. Ces mécanismes sont en route pour broyer la jeunesse de Rodrigue. Le Comte tentera, sans grand espoir, d'éviter ce sacrifice inutile ; sa conclusion est pessimiste :

> Viens, tu fais ton devoir et le fils dégénère
> Qui survit un moment à l'honneur de son père.
>
> (II.2, vs. 441-42)

Au cours de la scène le contraste est saisissant entre le laconisme du Comte et l'émotivité manifestée par Rodrigue. Mais ce qui nous semble également remarquable est le parallélisme des comportements du père et du fils. C'est ainsi que Rodrigue attribue à son adversaire sa propre instabilité et émotivité, et qu'il intime au Comte de « parler sans [s]'émouvoir », offensante contre-vérité, pour achever sur une insolence digne du père lorsqu'il accusait don Gomès de ne pas « mériter » le préceptorat : « As-tu peur de mourir? » Après cela, les rites sont consommés, le duel pourra avoir lieu : Abraham sacrifiant ou l'affrontement de David et Goliath. La fronde subtile de Rodrigue est que son monolithique adversaire n'est pas mû par la passion de tuer celui qu'il destinait à sa fille. Paradoxalement, dans ce combat inégal, Rodrigue possède l'avantage : l'issue du duel sera le résultat de la générosité du Comte ; son adversaire en tirera profit. Signalons cependant que Rodrigue peut en toute bonne foi estimer devoir « laver dans le sang l'honneur de la famille » car il ignore, et ignorera toujours, les conditions de l'offense faite à son père. Don Gomès, en réalité l'offensé, tombe victime de sa noblesse, de la faiblesse monarchique et de la perfidie de don Diègue. Rodrigue a tué son second et généreux père au profit de la haine morbide du premier, qui l'avait voué à un sacrifice d'une rare cruauté : périr de la main du père de Chimène et condamner le père et la fille à un enfer sentimental. On pourrait peut-être, même, à l'extrême limite, avancer que la seule issue « généreuse » était, pour le Comte, de donner la victoire à Rodrigue. Nous pouvons conclure que rien, sinon la conjoncture politique en France, n'autorise à voir dans le Comte un capitaine de comédie. Bien au contraire, c'est jusqu'à présent le seul héros de la pièce. Cette réhabilitation effectuée, il convient d'explorer plus avant le comportement des honorables survivants.

Dans l'*Avertissement* de 1648, Corneille, citant Aristote, pose comme principe de l'excellence tragique que « celui qui souffre et est persécuté ne soit ni tout méchant, ni tout vertueux, mais un homme plus vertueux que méchant (...) qui tombe dans un malheur qu'il ne mérite pas ». Rodrigue souffre, et il est persécuté : par Chimène, qui pense devoir venger la mort de son père ; par le Roi, qui veut faire justice à Chimène de la mort du Comte ; par don Diègue, qui met obstacle à son union avec Chimène et l'envoie obstinément se faire tuer dès que la moindre occasion s'en présente. Qu'il soit vertueux, il nous le dit lui-même, et toute la critique nous le confirme. Mais où gît cette méchanceté qui ferait du Cid un véritable héros cornélien? Elle n'est pas évidente, et c'est ici que l'adage « Tel père, tel fils » prend toute sa valeur : Rodrigue ne peut pas ne pas avoir hérité de la vindicte et de la méchanceté de don Diègue. La métamorphose de Rodrigue en héros, sera placée sous le signe d'une Rédemption : comment la vilenie héritée de Rodrigue, va-t-elle, contaminée par l'héroïsme d'autrui et sous la pression des circonstances, se sublimer, se transmuer, en noblesse véritable?

Une troisième confrontation aura lieu, cette fois en présence du Roi, fléau de justice. C'est un procès, et si ce n'était la « qualité » des plaignants, il pourrait fort bien se dérouler à Rouen. Nous entendons en premier lieu le plaidoyer de l'orpheline, dont la psyché baigne alors dans le sang paternel :

> (...) Mes yeux ont vu son sang
> Couler à gros bouillons de son généreux flanc ;
> Ce sang qui tant de fois garantit vos murailles,
> Ce sang qui tant de fois vous gagna des batailles,
> Ce sang qui tout sorti fume encore de courroux
> De se voir répandu pour d'autres que pour vous,
>
> (II.8, vs. 659-64)

Pour Chimène la matérialité de *son* sang répandu tient lieu de base interprétative ; il parle, et ses oracles sont sans appel :

> Son flanc était ouvert ; et pour mieux m'émouvoir,
> Son sang sur la poussière écrivait mon devoir
> (...) sa valeur (...) me parlait par sa plaie, et (...)
> Par cette triste bouche elle empruntait ma voix.
>
> (II.8, vs. 674-80)

La barbarie de ces images grotesques et baroques ne passeraient guère dans un contexte différent. Mais sans cet élément émotif, Chimène n'a aucune chance d'être entendue du Roi. Il en irait peut-être différemment si l'on apprenait que don Diègue est en réalité l'offenseur, mais celui-ci ne partage désormais son secret qu'avec le public, présent à l'audience, mais bien empêché de témoigner. Chimène demande que l'on « immole » une victime expiatoire : Rodrigue « au bien de tout l'Etat » (*ibid.*, v. 695). Bon sang ne saurait mentir : le sacrifice d'Abraham continue de hanter le destin du héros ; nous sommes cependant assurés que don Fernand saura épargner Rodrigue, sinon, à quoi servirait-il d'avoir un roi dans cette pièce? De second père sans doute, puisqu'il annonce à Chimène réduite au désespoir :

> Prends courage, ma fille, et sache qu'aujourd'hui
> Ton roi te veut servir de père au lieu de lui.
>
> (II.8, vs. 671-72)

Voilà qui ne doit guère contenter don Diègue, mais que pouvait-il attendre des réflexes de solidarité de la haute noblesse? Lorsque la parole lui est ensuite donnée, don Diègue développe une argumentation relativement simpliste : il fait valoir ses services passés et affirme que Rodrigue n'a fait que lui obéir : « Sire, j'en suis la tête, il n'en est que le bras » (*ibid.*, v. 724). Il s'offre pathétiquement en sacrifice :

> Immolez donc ce chef que les ans vont ravir
> Et conservez pour vous le bras qui peut servir.
> Aux dépens de mon sang satisfaites Chimène :
>
> (II.8, vs. 727-29)

Outre le fait qu'il ne court aucun risque de voir son prétendu « sacrifice » accepté par le Roi, les termes de son plaidoyer sont particulièrement révélateurs. La conscience de l'intérêt de l'Etat s'efface devant l'égocentrisme forcené du vieillard et la jalousie viscérale qu'il éprouve encore envers le Comte défunt : « Moi (...) moi (...) je me vois aujourd'hui recevoir un affront... » (*ibid.*, vs. 701-04) ; « Si je n'eusse produit un fils digne de moi » bien qu'il concède immédiatement, suivant une flagornerie qu'exige la personnalité falotte de don Fernand : « digne de son pays et digne de son roi » (*ibid.*, vs. 715-16). Pour le public averti – car tel le chœur antique il pèse les actions et entretient la mémoire des Temps – don Diègue atteint les limites de l'abjection lorsqu'il calomnie impunément, auprès du Roi et de Chimène, la mémoire du défunt. Il lui prête les motivations les plus viles (en fait les siennes) et diffame sa noblesse, en donnant de « l'affront », lui, seul témoin survivant, la version « authentifiée » qui restera pour la postérité :

> Le comte en votre cour l'a fait presque à vos yeux,
> Jaloux de votre choix, et fier de l'avantage
> Que lui donnait sur moi l'impuissance de l'âge.
>   (II.8, vs. 708-10)

Perfidie, calomnie, diffamation, ruse, dissimulation, chantage à la sénilité, telles sont les armes de don Diègue. Le public apprécie rétrospectivement la justesse de l'épithète *vieux courtisan* (I.3, v. 219) que lui avait décernée don Gomès, et qu'il entend à présent comme *vil courtisan*. Le décalage est complet entre l'ostentation de l'honneur, masque de la vengeance, sur la scène, et sa perception par le public en termes de dégradation. Dans la conscience théâtrale du Grand Siècle, lorsque don Diègue achève son émouvant plaidoyer par l'évocation de sa disparition prochaine : « Mourant sans déshonneur, je mourrai sans regret. » (II.8, v. 732), les litotes « *sans déshonneur / sans regret* » sont clairement perçues comme « vengé / satisfait ». En dépit de la rhétorique utilisée, cet Asturien enflé de vanité et « perdu d'honneur » s'est, aux yeux du seul public, discrédité. La Cour du Roi, en toute innocence, entretient un aspic au sein de l'Etat[11].

Dans quelle mesure le parallélisme des comportements de Rodrigue et de don Diègue peut-il être poursuivi? Nous l'avons déjà noté, Rodrigue en a incarné la ruse et la mauvaise foi envers celui qu'il croit être l'offenseur de son père cacochyme. Mais comment agira-t-il à l'égard de celle qu'il aime et qui n'est en rien complice de l'offense? Nous le découvrons dès le troisième acte, lorsque le futur héros et rempart de la Castille, suivant le conseil d'Elvire, se dissimule, et tel un personnage de comédie, tend l'oreille pour saisir des propos qui ne lui sont pas destinés. Il sera le témoin, intéressé autant qu'indiscret, du dilemme de Chimène, qui, en termes dépourvus d'ambiguïté affirmera son amour pour Rodrigue (III.3, vs. 810-12 et 827-28). Elle sera « piégée » par Elvire afin de lui faire avouer son amour pour celui qui est aux écoutes. Première d'une série de tromperies dont sera victime la Comtesse. La dialectique de l'honneur la conduit, elle aussi, à envisager une solution sacrificielle – Tel père, telle fille? – à son dilemme :

Pour conserver ma gloire et finir mon ennui,
Le poursuivre, le perdre, et mourir après lui.

(III.3, vs. 847-48)

Incroyable contraste entre le registre noble et tragique qui reste celui de Chimène, et les comparses Elvire et Rodrigue qui se jouent sans vergogne des sentiments de l'orpheline! Rodrigue, toujours recherché sur l'ordre du Roi, peut dès lors, assuré des sentiments de Chimène à son égard, se montrer, feignant de n'avoir entendu que ses derniers mots. Déjà abusée, Chimène continuera de l'être : Rodrigue ne lui avouera pas sa forfaiture, ou indélicatesse. Si l'on compare la noblesse des sentiments et le comportement moral des deux amants, force est de conclure qu'ils appartiennent à deux univers différents. La tragédie côtoie la comédie : lui présentant l'homicide épée, l'assassin de son père invite à plusieurs reprises Chimène à lui ôter la vie ainsi qu'il l'a fait pour le Comte, sachant qu'elle n'en fera rien. Parodie de l'univers tragique : on reste sous la sourde impression qu'une domesticité insolente et hypocrite tourne en dérision les « grands » sentiments de la caste supérieure. Les propositions de Rodrigue s'offrant en victime expiatoire apparaissent dépourvues de sincérité, ce pourquoi il n'hésite pas à les réitérer : sinon rien ne l'empêcherait de se donner la mort en se jetant sur sa propre épée. Ce chantage au sacrifice vise à faire avouer, articuler, par Chimène ce qu'il sait déjà : son amour pour lui, ce faisant, hors scène, il s'en rend indigne. Mais il fallait que dans cette logique de Cour d'Assises l'aveu soit prononcé. Le célèbre « Va, je ne te hais point » en tiendra lieu. La victime offerte ne sera pas immolée. Par ailleurs, on se défend difficilement d'apprécier l'ensemble des raisons qu'il soumet à Chimène comme ne ressortissant pas du mercantilisme : le mérite et les contraintes de l'honneur y sont soigneusement découpés et pesés. Calcul, indiscrétion, cynisme, absence de générosité, une profonde insensibilité semble caractériser ce héros qui n'en finit pas de naître. Et cependant, l'illusion conventionnelle d'une union parfaite des amants se poursuit sur scène : ils déplorent la rigueur du sort qui les sépare ; il est question de miracle d'amour, de mortelles douleurs, de regrets superflus, de mourante vie, et de chercher le silence de la nuit pour pleurer. Rodrigue serait-il enfin sur la voie de la rédemption, ou se livre-t-on sans réserve aux délices de la comédie sentimentale? La fin justifierait-elle les moyens?

Autre contraste saisissant entre la scène 4, qui s'achève par le duo de deux amants que sépare un certain sens du devoir, et la scène suivante où éclate la joie d'un don Diègue dont la vengeance est enfin satisfaite – satisfaction qui est précisément la cause du malheur des jeunes gens. « Parfaite allégresse, heureux succès, bonheur, je nage dans la joie... », c'est ainsi qu'il nous fait connaître « la pureté de [son] contentement ». Sa félicité et sa raison sont temporairement altérées par la disparition de Rodrigue. Diogène asturien, il parcourt Séville de nuit, à la recherche du fils vainqueur. Auparavant instrument de sa vengeance et double sacrifié, Rodrigue reste son double, cette fois hors de la durée, résurrection et projection de ce qu'il a été. A la poursuite de sa propre image, les sens abusés, au cœur de cette *nuit si sombre* – lieu théâtral de l'intrigue, du crime et de la dissimulation – « déçu » par les apparences, il n'embrasse, symboliquement, qu'une ombre, objet trompeur auquel viendra redonner vie et matérialité la vivante incarnation de son fantasme[12]. Rodrigue retrouvé, il *voit enfin* son « unique espérance », renaît et ressuscite en la personne du fils qui lui a prodigué le sang d'autrui. Don Diègue peut enfin jouir de son parfait bonheur : ses vœux sont exaucés! Tout au long des 24 vers du monologue de la scène 5, dominent le « je » et le « moi ». Rodrigue lui a rendu l'honneur, du moins dans la convention dramatique, et la gloire, dont, à ses yeux, le Comte l'avait frustré.

Don Diègue n'en continuera pas moins d'affirmer son égocentrisme morbide et sa haine insatiable de tout rival dans l'ordre de la gloire qui possèdent son esprit. Lorsque le vieillard impavide refuse à Rodrigue, le fils unique épargné, le droit à la tristesse, la monstruosité de son dérègle-ment mental et moral apparaît enfin en pleine lumière. Mais c'est égale-ment en raison de cette nouvelle violence de don Diègue que nous com-mençons à espérer que le fils « dégénérant au père » saura peut-être s'élever à des sentiments chrétiens. La première admonestation du père au fils est savoureuse :

> Ne mêle point de soupirs à ma joie,
> (...)
> Ma valeur n'a point lieu de te désavouer :
> Tu l'as bien imitée et ton illustre audace
> Fait bien revivre en toi les héros de ma race :
> C'est d'eux que tu descends, c'est de moi que tu viens :
> Ton premier coup d'épée égale tous les miens
> Et d'une belle ardeur ta jeunesse animée
> Par cette grande épreuve atteint ma renommée.
>
> (III.6, vs. 1026-34)

Rodrigue se rend-il compte que cet accès de génétique obsédante confine à la démence, lorsqu'il tente d'éveiller une parcelle d'humanité dans l'âme égarée de son père? Ou bien cet univers « héroïque » et « sauvage » lui est-il si familier qu'il en participe sans pourvoir l'analyser? Quoi qu'il en soit, il entre tout d'abord dans la folie de don Diègue :

> (...) Je ne pouvais pas moins,
> Etant sorti de vous et nourri par vos soins.
> (...) et mon âme est ravie
> Que mon coup d'essai plaise à qui je dois la vie.
>
> (III.6, vs. 1039-42)

Mais le rapport de gémellité qui avait jusqu'alors gouverné les liens du père au fils, tourne irrémédiablement au schisme lorsque le double second tente de faire mesurer au maître double ce que lui coûte le coup d'épée fatal. Pour son malheur, ou à dessein, Rodrigue emploie des vocables qui vont heurter la conscience troublée du vieillard :

> Mais parmi vos plaisirs ne soyez pas *jaloux*
> (...)
> Souffrez qu'en *liberté* mon désespoir éclate ;
> (...) pour vous j'ai tout perdu :
> Ce que je vous devais, *je vous l'ai bien rendu.*
> (III.6, vs. 1043-45 et 1051-52)

La force rédemptrice de l'amour de Chimène a permis ce miracle : la volonté d'indépendance de Rodrigue. Dramatique scissiparité, car c'est par l'affirmation de son amour interdit pour la fille du rival abhorré que Rodrigue entame un processus inéluctable d'émancipation. Don Diègue refuse d'admettre ce sentiment[13], et au cri de Rodrigue : « rendez-moi le bien que ce coup m'a ravi » (III.6, v. 1048), il réplique sagement :

> Nous n'avons qu'un honneur, il est tant de maîtresses!
> L'amour n'est qu'un plaisir, l'honneur est un devoir.
> (III.6, vs. 1058-59)

Triste leçon tirée de « l'histoire de sa vie », c'est cependant plus le signe de sa cruauté, de son credo « *varonil* », que de son évidente caducité. Rodrigue se sait aimé de Chimène, et n'ignorant pas que la vie de don Diègue touche à son terme, il pourrait envisager dans un avenir point trop lointain de se passer de son autorisation pour épouser Chimène – mais pour qui aime, la durée la plus brève peut être infinie. S'il devait n'être que le double régénéré du vieillard, il en adopterait la perfidie, le calcul, et attendrait patiemment que les événements lui soient favorables. Or, il gagne notre estime, non pas comme on l'a trop souvent répété en sacrifiant son amour pour accomplir son « devoir », mais au contraire, en assumant l'amour que lui porte Chimène et en refusant de se soumettre davantage à la tyrannie et à la violence sentimentale que lui impose don Diègue. C'est par la fronde et l'émancipation qu'il accède enfin à l'héroïsme[14]. Pour rompre la force des liens qui unissent le fils au père, il faudra un conflit, une cassure afin que dépassant l'adage, il se libère du sur-moi oppressif. Au nom de son amour pour la fille du Comte, le fils entre en rebellion ouverte contre l'autorité paternelle :

> Et vous m'osez pousser à la honte du change!
> (...)
> A ma fidélité ne faites point d'injure,
> Souffrez-moi généreux sans me rendre parjure,
> Mes liens sont trop forts pour être ainsi rompus,
> Ma foi m'engage encor si je n'espère plus
> Et ne pouvant quitter ni posséder Chimène,
> Le trépas que je cherche est ma plus douce peine.
> (III.6, vs. 1062-70)

Pour don Diègue la mesure est comble : son double le trahit, sa descendance dégénère ; il convient donc de couper la branche pourrie. Saturnien, il restera sans autre postérité qu'une gloire intacte. Encore faut-il éviter que ce fils de prodigue devenu indigne, ne la ternisse en se suicidant, soit : en se sacrifiant sans l'aveu du père. Don Diègue n'ignore pas non plus qu'il lui reste peu d'années à vivre et qu'il lui faut « battre le fer » pendant qu'il est chaud, aussi assure-t-il sa renommée en envoyant Rodrigue – le double forgé – combattre les Maures : le fils sacrifié devra y trouver un trépas honorable. C'est ainsi que, dans une apothéose héroïque, s'éteindra la lignée des Bivar :

> Là, si tu veux mourir, trouve une belle mort ;
> Prends-en l'occasion, puisqu'elle t'est offerte,
> Fais devoir à ton roi son salut à ta perte.
>
> (III.6, vs. 1088-90)

S'il en réchappait, l'honneur n'en serait que plus grand et la faveur royale plus assurée. Lorsqu'il lui laisse entendre que revenir vainqueur est le plus sûr moyen de regagner le cœur de Chimène – faux calcul car Rodrigue n'a déjà plus lieu de s'inquiéter – don Diègue, faisant flèche de tout bois, utilise cette fois l'amour de Rodrigue afin de le dissuader de s'appliquer à périr, sans gloire, sous le sabre des « Africains ». Quant à empêcher le mariage honni, il sera toujours temps d'aviser, le cas échéant.

La suite de l'action est quelque peu répétitive des situations et des structures déjà exploitées dans les scènes précédentes. Un duel judiciaire ayant été demandé par Chimène qui s'engage à épouser le vainqueur, Rodrigue devra combattre don Sanche. Le monarque veut en dispenser Rodrigue, l'estimant « trop précieux / Pour l'exposer aux coups d'un sort capricieux » (IV.5, vs. 1011-12). Or Don Diègue, alléguant la gloire de Rodrigue et le respect des lois – et non plus la parole royale – s'oppose véhémentement à ce que le fils sacrifié soit dispensé de cette épreuve. Le monarque ayant fixé le duel pour le lendemain, don Diègue insistera pour imposer, une fois encore, au double qui s'est soustrait à sa tyrannie, des conditions défavorables :

> Non, Sire, il ne faut pas différer davantage :
> On est toujours trop prêt quand on a du courage.
>
> (IV.5, vs. 1445-46)

Don Fernand objectant : « Sortir d'une bataille, et combattre à l'instant ! », le père balaye « généreusement » cet obstacle : « Rodrigue a pris haleine en vous la racontant ». Le Roi imposera cependant un court délai. Les raisons qui poussent don Diègue à vouloir sacrifier Rodrigue n'ont pas varié. Afin de rendre la prouesse la plus hyperbolique possible, il va par trois fois s'opposer à la volonté du Roi, qui lui, du moins, agit en père de ses sujets. Soutenir que don Diègue est certain de voir son fils triompher ne tient pas nécessairement, car l'issue d'un duel n'est pas entièrement prévisible, et le paradoxe initial – Rodrigue vainqueur du Comte – peut fort bien se reproduire, cette fois en faveur de don Sanche. Phèdre et Horace n'auront pas tant de volonté de persécution à offrir au public. Celui-ci a dû accepter la scission entre le père et le fils, anoblissant le fils porté par les ailes de l'amour, et abandonnant le père saturnien et monstrueux à son destin. Don Diègue, s'il était sain d'esprit, serait le tartufe de la gloire et l'antonomase de l'indignité paternelle.

Le cas Chimène sera en apparence réglé par le Roi sous la forme d'un hymen différé, don Diègue ne pouvant plus guère y mettre obstacle. Cependant, la mascarade finale – le quiproquo entretenu par la Cour sur la mort de Rodrigue – a été considérée à juste titre, comme une chute dans l'intérêt dramatique, voire une faute contre la bienséance, des personnages nobles ne devant pas s'abaisser à ces jeux de comédie. L'insistance que l'on apporte à tromper la plus noble et la plus malheureuse des héroïnes est remarquable. Rodrigue s'y emploie, déclarant vouloir mourir de sa main, ou pour l'amour d'elle, mais n'en pensant pas un mot. La Cour elle-même s'offre le spectacle d'une orpheline prise au piège du devoir ou de l'amour, et devant exposer – expier? – publiquement ses sentiments, sans égard à la discrétion qui convient à son rang. Une constante caractérise la plupart des initiatives prises à l'encontre de Chimène : sur le plan de l'honneur nobiliaire, le personnage tombe en chute libre, chacun s'efforçant de la dégrader. Cette héritière de l'une des plus grandes Maisons du royaume succombera sous les coups répétés d'une persécution assenés par ceux auxquels elle a accordé sa confiance ou son amour : Elvire, Rodrigue, don Fernand. Le coup de grâce sera le parjure auquel elle sera conduite, lorsque, croyant Rodrigue défait par don Sanche, elle refusera d'honorer sa parole : épouser le vainqueur du duel judiciaire.

Nous constatons que les grands vaincus de cette tragi-comédie sont les personnages de la haute noblesse : principalement le Comte et Chimène. Ils finiront morts et diffamés, sans recours pour le premier, reléguée au couvent pour la seconde. Le Roi, un Salomon de salon, s'en tient à des compromis de notaire. Servi par sa noblesse militaire, il est aveugle aux intérêts de l'Etat, et n'en perçoit les affaires que par le prisme déformant et flagorneur de ses courtisans. Quant à l'Infante, elle s'est sacrifiée une fois pour toutes dès le début de la pièce. Les grands vainqueurs sont des personnages de petite noblesse, plus proches d'une psychologie roturière, voire d'un mercantilisme bourgeois, que de la caste nobiliaire. Les deux représentants de ce groupe social sont don Diègue et Rodrigue, le premier incarnant sous le masque du gentilhomme de Cour, en fait, une mentalité d'*hidalgo* assoiffé de dignités et d'honneurs, écartelé entre ses sentiments « bas » et sa volonté d'observer un code nobiliaire dont la lettre lui est familière, mais dont l'esprit lui échappe irrémédiablement ; le second accédant par sa ruse et son mérite, mais surtout par la force de l'amour de Chimène, à la véritable noblesse.

Le personnage déconcerte, car si nous assistons à la naissance d'un héros, au passage métamorphique du vers en papillon et bientôt dragon – tandis que le père n'aspire qu'à changer de peau en la personne du fils – on garde la nette impression que le dragon pré-existait à la métamorphose, et que la réciproque reste vraie : que la nouvelle noblesse de Rodrigue participe encore de la mentalité plébéienne du père. Il a également recours à la « finesse », mais tandis que ces moyens chez le vieillard sont destinés à assouvir sa passion, ils sont chez Rodrigue utilisés à des fins qui lui permettront d'assurer sa « générosité ». Dans ce genre hybride qu'est la tragi-comédie, Rodrigue occupe une situation unique : seul personnage « ascendant », il participe simultanément des deux Etats. Dans la dualité du héros cornélien s'inscrit le microcosme de l'homme en société. De même que chez don Diègue, une rhétorique nobiliaire est plaquée sur une mentalité plébéienne, dans l'univers tragique se sont insérés des comportements particuliers à la comédie. Ce mélange des genres a permis de représenter un univers fictif, noble et tragique, qui laisse cependant transparaître des comportements authentiques et propres à la noblesse, actrice privilégiée de la comédie humaine. Dans la libre perception de ces représentations par le public, il y avait effectivement matière à scandale.

Sur un plan analogique, nous assistons à l'éviction d'une dynastie établie et proche du pouvoir, et à son remplacement par une classe montante. Corneille a décrit Séville et le Guadalquivir sur le modèle du port de Rouen, bercé par le flux maritime. De même perçoit-on dans le comportement de Rodrigue, corrélativement à son accession à la noblesse, les signes d'un changement d'Etat, la force d'un flux irréversible : l'envahissement du pouvoir par la bourgeoisie et les robins. Assez peu médiévale, cette Cour castillane, reflète surtout la situation politique et sociale de la France de Louis XIII, dominée, régentée, par un Richelieu de petite noblesse – et qui le restera – en conflit permanent avec les Grands du royaume. Analogie encore, celle de cette noblesse parlementaire qui, tout en professant une obéissance et un dévouement absolus à l'autorité royale, n'en veille pas moins jalousement et farouchement au maintien de ses privilèges et à son enrichissement, sans oublier le petit monde des courtisans flagorneurs et indispensables qui entourent le monarque. En 1637, on ne peut pas non plus éluder l'impact des propos de don Gomès, Grand Seigneur, indépendant mais non « frondeur », sur l'infaillibilité monarchique, en réponse à la fidélité moutonnière et timorée de don Arias[14].

Corneille avait cependant, dès 1636, fait représenter un véritable capitaine fanfaron : le Matamore de *L'Illusion comique*. Il était légitime d'espérer qu'en 1637, le masque de comédie du matamore aurait permis au Comte de conserver ses caractéristiques héroïques. Et ce d'autant que le personnage du Matamore, parodie de la noblesse d'épée, obéit à un mouvement « descendant » : à une déconstruction systématique du héros. Par l'aveu de son imposture, il déchoit – dégénère – vers le poltron de comédie et autorise la décadence de toute la lignée des *capitans* à venir. En contrepoint à l'avènement du Cid, l'incarnation parodique de l'illusion de la gloire s'est muée en un valet de cuisine confessant un larcin.

Le grand art de Corneille aurait-il consisté à monter les spectacles convergents d'une thématique unique, en effectuant avec brio les variations les plus audacieuses sur la polémique, la politique, les conflits de classe, l'amour et les canons académiques, pour représenter en filigrane le procès de la prise du pouvoir économique et politique par la bourgeoisie? La diversité des ambiguïtés cornéliennes semble infinie.

NOTES

Les citations du théâtre de P. Corneille renvoient aux *Œuvres complètes,* éd. André Stegmann, Paris, Editions du Seuil, 1963.

1. Telle est également l'opinion de Georges Couton qui décrit en ces termes la rivalité des Gormas et des Bivar :

> Ils sont en effet des « grands », au sens où tout le XVIIe siècle entendait le mot : très proches du roi et fort distingués du commun de la noblesse, seigneurs aussi importants à la cour de Castille que pouvaient l'être les Bourbons-Condé, les Vendômes, les princes lorrains à la cour de France. Aucune autre « maison » n'est nommée à côté des Gormas et des Bivar. L'une ne le cède en rien à l'autre : une alliance entre elles les satisfait toutes deux. (*Réalisme de Corneille. Deux études : La clef de* Mélite, *réalités dans* Le Cid, Paris, Société d'édition « Les Belles Lettres », 1953, p. 62)

2. Il n'est certes pas question de dresser ici le bilan des études cornéliennes. Citons seulement parmi celles qui ont inspiré notre projet : Octave Nadal, *Le sentiment de l'amour dans l'œuvre de Pierre Corneille* (Paris, Gallimard, 1948) ; André Stegmann, *L'héroïsme cornélien. Genèse et signification* (Paris, A. Colin, 1968) ; Georges Couton, *Corneille* (Paris, Hatier, 1958) et *Corneille et la Fronde* (Clermont-Ferrand, Bussac, 1951) ; Serge Doubrovsky, *Corneille et la dialectique du héros* (Paris, Gallimard, 1963), et en particulier le chapitre : *Le Cid ou la conquête d'autrui* (pp. 87-132).

3. Cf. le décodage d'un ouvrage polémique par l'analyse de ses métaphores structurales, dans notre introduction à l'édition critique de *L'Opposition et Conjonction des deux Grands Luminaires de la Terre – La Antipatía* – de Carlos García (Edmonton, Alta Press Inc., 1979).

4. Nous avons abordé l'examen des interférences de la polémique dans la conscience collective au XVIe et au XVIIe siècles dans : « Anatomie du Capitaine de comédie : incidences du Tiers de la Noblesse et du Clergé » in *L'Age du Théâtre en France* (Edmonton, Academic Printing and Publishing, 1988, pp. 153-58).

5. Ces textes polémiques ont été réunis par Armand Gasté dans *La Querelle du Cid. Pièces et pamphlets inédits, publiés d'après les originaux* (Paris, 1899, pp. 496).

6. Dans son chapitre : *Le triomphe de l'éthique féminine :* Le Cid, Constant Venesoen met l'accent sur la noblesse du comportement de Chimène. Cf. *Corneille Apprenti féministe de* Mélite *au* Cid, Paris, Minard, Archives des « *Lettres modernes* », 1986.

7. L'auteur ajoutera un prudent commentaire, car loin d'assimiler le comte d'Olivares et le « rodomont », lieu commun de la littérature polémique, il exempte Anne d'Autriche, noblesse oblige, des stéréotypes anti-espagnols :

Et nous avons parmi nous un Exemple si illustre, et qui nous fait si bien voir que la profonde Sagesse et la haute vertu peuvent naître en Espagne, qu'on n'en sçauroit douter sans crime. Je parlerois plus clairement de cette divine Personne, si je ne craignois de prophaner son nom sacré, et si je n'avois peur de commettre un sacrilege, en pensant faire un acte d'adoration.
(Op. cit., pp. 85-86)

8. On a soutenu que l'*Excuse à Ariste* avait déclenché la « Querelle du Cid », mais il est clair que la conjoncture polémique et les provocations, implicites dans la tragi-comédie, l'auraient imposée sans qu'il soit nécessaire d'en faire porter la responsabilité à l'auteur dramatique. Dans la première moitié de l'*Excuse,* Corneille se livre à une plaisante parodie de l'affirmation nobiliaire du Comte de Gormas :

Nous nous aimons un peu, c'est notre faible à tous ;
Le prix que nous valons, qui le sait mieux que nous?
(...)
Pour me faire admirer je ne fais point de ligue,
J'ai peu de voix pour moi, mais je les ai sans brigue,
Et mon ambition, pour faire plus de bruit,
Ne les va point quêter de réduit en réduit ;
(...)
Je satisfais ensemble et peuple et courtisans,
Et mes vers en tous lieux sont mes seuls partisans,
Par leur seule beauté ma plume est estimée,
Je ne dois qu'à moi seul toute ma renommée,

Et pense toutefois n'avoir point de rival
A qui je fasse tort en le traitant d'égal.   *(Op. cit.,* pp. 71-72)

Il est difficile d'ignorer l'ironie qui inspire ces vers, à moins de les lire par le prisme de « l'Enfer des jalousies », suivant l'expression de Bossuet. Depuis l'étude de Batiffol, (*Richelieu et Corneille, la légende de la persécution de l'auteur du Cid,* Paris, Calman-Lévy, 1936), l'hypothèse de cette rivalité malheureuse doit être abandonnée, sans regrets. L'anoblissement de Corneille sera décidé en janvier 1637, la première du *Cid* aura eu lieu le 7 janvier. On a finalement conclu à l'attitude bienveillante du Cardinal qui avait assisté aux trois représentations données à la Cour et avait fait jouer la pièce à deux reprises dans son hôtel de la rue St. Honoré. Il ne faut cependant pas sous-estimer la perspicacité du Ministre, auquel la connotation polémique et iconoclaste du *Cid* n'a pu échapper. Mais plutôt que d'en affronter la charge explosive, il en aurait « contrôlé » les représentations, et « récupéré » l'impact en faisant dénaturer l'une de ses composantes essentielles : en métamorphosant le Comte en bravache. Quant au sonnet sur la mort du Roi Louis XIII (cf. note 10), qui comporte de virulentes attaques contre le Cardinal défunt, non seulement il n'est nullement prouvé que Corneille en soit l'auteur mais il est en outre si éloigné de l'éthique professée par le dramaturge qu'il semble difficile d'admettre que l'on ait pu songer à lui en attribuer la paternité (cf. Batiffol, *op. cit.,* pp. 184-87, et M.-O. Sweetser, *Les conceptions dramatiques,* pp. 26-28, qui conclut en ce sens). Quant à la faveur royale, la Reine aima la pièce, ce qui se conçoit aisément, et « l'Hercule François » également, probablement flatté de voir représenter un roi à son image, en moins glorieux, et peut-être sensible à la structure polémique suggérée qui ne laissait implicitement de maltraiter les Grands et son Ministre. Comment dès lors ne pas reconnaître l'ironie de Corneille réincarnant le Comte en assurant à son lecteur avoir « satisfait ensemble et peuple et courtisans »!

9. On peut en effet distinguer entre « honneur ou *honor* », qui appartient à la noblesse, et « honorabilité ou *honra* » qui convient à la petite noblesse et à la bourgeoisie – et qui tournera en « respectabilité » sous l'influence du mercantilisme du XIXe siècle. L'honneur est inaliénable, non l'honorabilité. Don Diègue, en assimilant « dignité » et honneur, tente de faire passer l'un pour l'autre, s'arrogeant ainsi une noblesse qu'il ne possède pas. Le concept d'honneur qu'il évoque étant lié à la charge qu'il vient de recevoir, n'est donc pas un honneur nobiliaire, mais participe de l'honorabilité.

10. Pour une analyse éclairante du concept de l'ouroboros, cf. J. Spencer, « Towards an Histrionic Aesthetics : Diderot's *Paradoxe* as Pre-Text for Romantic Irony » à paraître dans *Man and Nature* (Edmonton, Academic Printing and Publishing, 1989).

11. Il est symptomatique que l'on ait attribué à Corneille des vers qui, en fait, auraient pu être ceux qu'un don Diègue aurait pu écrire sur le Comte. Nous reproduisons pour mémoire le *Sonnet sur la mort du Roi Louis XIII :*

> Sous ce marbre repose un monarque sans vice,
> Dont la seule bonté déplut aux bons Français,
> Et qui pour tout péché ne fit qu'un mauvais choix,
> Dont il fut trop longtemps innocemment complice.
>
> L'ambition, l'orgueil, l'audace, l'avarice,
> Saisis de son pouvoir, nous donnèrent des lois,
> Et bien qu'il fût en soi le plus juste des rois,
> Son règne fut pourtant celui de l'injustice.
>
> Vainqueur de toutes parts, esclave dans sa Cour,
> Son tyran et le nôtre à peine perd le jour,
> Que jusque dans la tombe il le force à le suivre.
>
> Jamais de tels malheurs furent-ils entendus?
> Après trente-trois ans sur le trône perdus,
> Commençant à régner, il a cessé de vivre.

12. Si pour G. Poulet décrivant le paradoxe ouroborique du héros cornélien, « l'expérience de l'amour est celle de la perte de la maîtrise de soi », Rodrigue est encore fort éloigné de la Carte du Tendre ; en fait il n'y abordera jamais. Serait-ce, ainsi que le suggérerait la réflexion de G. Poulet parce que « qui situe entre son être et sa volonté un espace s'écarte de la réalité, remplace son vouloir par un désir, son *être* par un *paraître,* et n'est qu'un « menteur » (« Corneille » in *Etudes sur le temps humain 1,* Paris, Plon, 1949, p. 92)? De Clindor, Rodrigue tiendrait cet espace intérieur occupé par les traits de la comédie, et il ne pourra naître héros que dans la mesure où sa volonté annihilerait cet espace, et Chimène. O. Nadal réduit cette confrontation décisive entre le père et le fils à un conflit de générations ; il discerne dès le début de la pièce que « Rodrigue y laisse gronder contre don Dièque un sentiment – assez trouble d'ailleurs et d'autant plus puissant – d'hostilité (...). Ces traits trahissent une secrète déchéance et les préoccupations d'une génération finissante ; elle ne pouvait qu'être balayée par celle du Cid Campeador ; à la première rencontre elle s'effondre en effet, touchée à mort par l'adolescence virile » (*op. cit.,* pp. 164-65). Rêverie intéressante, au cours de laquelle le « place aux jeunes! » d'après guerre semble dominé par l'image d'un *matador*-Hercule libérant la Terre de l'ancienne féodalité. Mais lorsque Nadal inclut Chimène dans ce conflit de générations, force est de reconnaître que la relation du père et de la fille infirme radicalement cette vision tauromachique. Plus loin, lorsque Nadal écrit : « Il y a du mépris dans cet acharnement de Rodrigue à poursuivre Chimène comme une proie ; il la réduit à merci, ne l'abandonne que vaincue et humiliée » (*ibid.,* p. 171), sans l'avouer, il semblerait que l'on puisse y discerner les signes d'un conflit de classe.

13. Cependant, lorsqu'il recherche Rodrigue et qu'il emploie le mot « amour », on ne laisse d'être surpris, tant le terme surprend chez ce vieillard égocentrique. Mais pour parodier le texte cité par T. Reiss (cf. *infra,* p. 41) : « Don Dièque ne parle pas où parle Rodrigue ».

14. Prescience du génie cornélien: dans *Le Cid* s'inscrivent les réseaux annonciateurs des troubles à venir ; les propos iconoclastes du Comte sont un écho anticipé de la Fronde des Princes de 1648, tandis que la dualité, le comportement et la réussite de Rodrigue préfigurent les troubles populaires de 1643 – en attendant ceux de 1789 – entretenus par Paul de Gondi, qui, devenu Cardinal de Retz, semblera tenté de rééditer en France l'aventure de Cromwell ; tout cela était, en 1637, imprévisible. La critique devrait enfin, rendant justice au *Cid,* replacer le Comte et sa noblesse dans une perspective révolutionnaire (pour l'Ancien Régime), quitte à nuancer les idées reçues sur don Dièque, Rodrigue, la gloire, l'amour et le devoir. Enfin, peut-être avons-nous quelque peu maltraité le mythe du noble vieillard et de sa couronne de lauriers en introduisant une note discordante dans l'harmonie qui règne sans faille depuis plusieurs siècles, mais cette mise en question nous a semblé indispensable afin d'assurer notre plongée au cœur des charmes discrets de l'ambiguïté.

TIMOTHY J. REISS
New York University

La Voix royale : de la violence étatique ou, du privé à la souveraineté dans *Cinna*

Commençons par cette phrase dont se sert Corneille dans son *Examen* (1660) de *Cinna* : « Emilie ne parle donc pas où parle Auguste[1] ». Certes, le dramaturge parle ici du lieu scénique ; mais il fonde sa constatation sur les exigences de la vraisemblance et d'une opposition entre ce que représentent les deux personnages. Au début de la pièce il s'agit de deux langues qui s'affrontent, de deux paroles *privées* dont la valeur semble égale à ce point de départ – à tel degré en effet qu'Auguste pense sérieusement céder l'Empire. Il pense redevenir (ou plutôt rester, puisqu'il n'a pas encore accepté la nécessité de quitter un tel « lieu ») l'être privé d'avant l'accession au trône.

Entre ces deux paroles, Cinna a un véritable choix. Notre lecture de la pièce suivra alors le passage de ce point de départ à une époque toute neuve où la parole d'Emilie est défaite, où celle de l'Empereur prime, où ce dernier doit enfin quitter le lieu du privé pour accéder pleinement au domaine public du pouvoir souverain. Cependant, il ne faut pas croire qu'Auguste sera ainsi devenu le Prince absolu de la seconde moitié du siècle : on ne trouve pas chez lui cette abnégation de soi qui marque, par exemple, le Titus de Racine. Chez Auguste, l'accession au plein pouvoir reste en même temps la pleine possession de soi : « Je suis maître de moi comme de l'univers. / Je le suis, je veux l'être » (V.3, vs. 1696-97). Auguste accède à la souveraineté tel un grand seigneur féodal : il crée sa propre légitimité par la force de sa voix ; il est un peu le Prince machiavélien qui mérite le pouvoir par sa *virtù* et sa *fortuna*. Bien loin de refléter simplement une puissance légitime en voie de tenir tout le pouvoir entre ses mains centralisantes, *Cinna* préfigure plutôt la possibilité des Frondes.

Nous continuons donc ici la série d'études dont nous avons déjà publié une partie dans notre *Tragedy and Truth* (1980), et plus récemment dans un essai sur la *Bérénice* de Racine[2]. Il s'agit essentiellement de comprendre la grande tragédie du XVIIe siècle comme autant d'expériences « scientifiques » faites sur la chose politique, comme des recherches qui mettent en œuvre les exigences imposées sur, et les options ouvertes à, des rapports de pouvoir encore en plein développement.

Dans *Le Cid,* Corneille avait déjà mis en scène une expérience de ce genre : sous les conditions particulières imposées par la constitution d'un Etat fort et stable, menacé de l'extérieur (la situation de la France en 1637, luttant contre l'Empire et l'Espagne, pour affirmer – éventuellement – et ses frontières et sa puissance européenne), quel doit être le rapport entre le sujet et l'autorité politique? Quelles seront les obligations de l'un vis-à-vis de l'autre? Quels seront leurs droits et leurs devoirs? Quelles conséquences découlent d'un type de rapport donné? A une époque où la haute aristocratie réclame toujours un partage réel du pouvoir, et où de telles réclamations minent sérieusement l'unité d'un Etat qui n'est qu'en voie de création, de telles questions sont des plus brûlantes.

Entre l'attitude conflictuelle et privée de Don Diègue et la reconnaissance du devoir de la soumission publique dont témoigne Rodrigue, il y a un fossé énorme. On y voit la reconnaissance d'une nécessité politique et sociale où on peut facilement percevoir des considérations visant la situation contemporaine de la France : création d'une nation, centralisation du pouvoir, « déféodalisation » de la noblesse, nécessité de l'unité des pouvoirs internes du pays, et ainsi de suite. Nous reviendrons sur cette question lorsque nous traiterons du contexte de *Cinna.*

Dans *Horace,* le même genre d'expérience est poussé un peu plus loin : si l'individu doit tout à l'Etat, quelles en peuvent être les implications en ce qui concerne ses rapports personnels et privés? Comment peuvent alors subsister des rapports interhumains qui ne dépendent pas de cet Etat? Et comment la société civile peut-elle se maintenir sans ces rapports personnels et privés? Soulignons à ce propos la fréquence d'emploi des mots « inhumain », « brutal », et de leurs dérivés qui se retrouvent dans cette pièce (comme d'ailleurs dans *Cinna*) et cela très souvent dans le cadre d'une opposition homme/femme :

> Mais quand on peut sans honte être sans fermeté,
> L'affecter au dehors, c'est une lâcheté :
> L'usage d'un tel art, nous le laissons aux hommes,
> Et ne voulons passer que pour ce que nous sommes.
> (*Horace,* III.5, vs. 941-44)

Nous pourrions citer beaucoup d'autres exemples, mais cette réplique de la ferme et constante Sabine nous semble souligner une tendance envers laquelle Corneille lui-même (?) ressent apparemment une certaine sympathie : « Loin de blâmer les pleurs que je vous vois répandre, / Je crois faire beaucoup de m'en pouvoir défendre » (*ibid.,* vs. 951-52), répond ce vieil Horace, dont la vertu de patriote n'est jamais en question. A la fin de la présente étude nous relèverons d'autres signes de cette opposition homme/femme, relativement constante dans le théâtre de Corneille, et qui devrait faire l'objet d'une recherche approfondie, que nous ne saurions essayer d'entreprendre ici[3].

Et quel est le résultat de cette prise de position selon laquelle le sujet doit *tout* à l'Etat? Selon *Horace,* et quelle que soit la justification qui lui est accordée, ses ambiguïtés, et l'attitude que l'on prend à son égard, la conséquence en est démontrée de manière on ne peut plus claire : la *violence* : violence envers l'« ennemi » (qui en est à peine un, rappelons-le), envers ses amis, envers ses plus proches parents, violence envers soi-même, violence même (du moins potentiellement) envers l'autorité politique qui a exigé ce devoir. Si Valère est intéressé lorsqu'il affirme qu'il faut punir Horace parce qu'il s'est mis au-dessus des lois et qu'il menace donc la société et l'autorité politique, Tulle ne l'est pas, qui dit la même chose : qu'il doit à Horace son sceptre et son trône, et le met, par son pardon, au-dessus de la loi. Où mènera cette violence? Voilà précisément ce qu'on ne saurait prévoir : l'Etat n'a plus le moyen de la contrôler. *Horace* nous démontre que cette voie politique tend vers la destruction de ce qu'elle pensait maintenir.

La question soulevée par *Horace* – de la manière la plus « brutale » et en même temps sans compromis – aura donc été celle de la nécessité de la violence, de ses conséquences et de sa fin, de sa susceptibilité au contrôle et de son inévitable mise en question du pouvoir même qu'elle est censée servir. Hannah Arendt écrit à ce sujet :

> La raison principale qui explique pourquoi nous sommes toujours en guerre n'est ni un secret désir de mort de la part de l'humanité, ni un instinct irrépressible de l'aggression, ni, enfin et de manière plus plausible, les sérieux dangers économiques et sociaux inhérents au désarmement, mais le simple fait qu'il n'existe pas encore dans le domaine politique de substitut à cet arbitre final[4].

Par son dénouement, *Horace* sombre dans une vision pessimiste de cette nécessité de la violence – violence, encore, qui met Horace, ainsi que le répète le Roi de Rome lui-même, « au-dessus des lois » (V.3, v. 1754), cet Horace à qui ce Roi doit son sceptre et sa « maîtrise » de deux Etats *(ibid., v.* 1742). Le porteur de la violence menace alors l'existence même de l'autorité politique et donc de l'Etat. Valère aurait-il finalement raison :

> Faisant triompher Rome il se l'est asservie,   .
> Il a sur nous un droit et de mort et de vie,
> Et nos jours criminels ne pourront plus durer
> Qu'autant qu'à sa clémence il plaira l'endurer.
>   (V.2, vs. 1507-10)

Ce potentiel de la violence deviendra d'ailleurs la raison même de l'existence d'Horace : « Vis pour servir l'Etat » (V.3, v. 1764). L'équilibre du *Cid* est perdu. La violence règne comme marque nécessaire du devoir absolu envers l'Etat ; c'est ainsi qu'en témoigne, par exemple, cette querelle autrement inexplicablement absurde entre Camille et Sabine, afin de savoir laquelle d'entre elles subit le plus grand préjudice dans la lutte qui oppose Rome et Albe (*op. cit.,* III.4). La violence s'installe ainsi dans toutes les relations humaines, sans exception aucune. En même temps cette violence ne saurait être qu'impossible, car elle tend inévitablement à bouleverser l'existence même de l'autorité publique qu'elle veut servir.

Cinna tente d'y apporter une réponse, une toute autre solution : pièce qui commence bien précisément là où *Horace* se termine – dans la constance de la violence. Cette violence n'est pas simplement généralement politique (Emilie veut absolument maintenir le souvenir des luttes san-glantes de la guerre civile – événements qui resteront également présents à l'esprit d'Auguste jusqu'à sa décision finale), elle est aussi personnelle. La forme de l'opposition entre les deux voix dont nous avons parlé au début est mise en évidence pour tout spectateur de l'époque dès la première scène, lorsqu'Emilie explique son désir de vengeance : « Impatients désirs », « Enfants impétueux de mon ressentiment / Que ma douleur séduite embrasse aveuglément », lesquels, dit-elle, s'imposent en dépit d'elle-même. « Haine », « rage », son « abandon » à des « ardents transports », sa « fureur », et ainsi de suite : ces emplois sont autant de signes.

En effet, de même que Le Bret dans son ouvrage *De la souveraineté* (1632), Richelieu parle constamment, aussi bien dans ses *Mémoires* que dans son *Testament politique,* de la nécessité pour qui conduit un Etat, de tout soumettre à la raison. Aux yeux du Ministre, savoir, pouvoir, volonté, et action politique, forment un ensemble : la passion ; le manque de contrôle y mettant fin et menant nécessairement à la ruine. Emilie le sent d'ailleurs, lorsqu'elle hésite devant la décision qu'elle est tentée de prendre ; et elle perçoit également l'ambiguïté de la position de Cinna lui-même : se laissera-t-il emporter par la passion, comme elle-même, ou se tournera-t-il plutôt vers la raison? « J'aime encor plus Cinna que je ne hais Auguste, / Et je sens *refroidir* ce bouillant mouvement » (I.1, vs. 18-19). Ou encore : « Mon esprit en désordre à soi-même s'oppose, / Je veux et ne veux pas, je m'emporte et je n'ose, / Et mon devoir confus, (...) » (*ibid.,* vs. 121-24). Cinna sera tiraillé entre raison et passion, entre l'Etat fort d'Auguste (« au milieu de sa gloire », comme l'avoue Emilie), et le désordre qui serait la conséquence de la réussite de la conjuration. La violence est en effet centrée dans la psyché même des protagonistes, incorporée, au sens le plus fort, dans cette parole d'Emilie.

Sans trop pousser la chose, nous pouvons y voir un reflet assez clair de ces luttes et de cette suite illimitée de conjurations qui ont harcelé Richelieu et l'Etat naissant de la France, depuis son installation au pouvoir en 1624 jusqu'à sa mort en 1642, l'année même de la création de *Cinna*[5]. Troubles auxquels le Ministre avait répondu de manière diverse : assez rarement par l'essai de la clémence, le plus souvent par une répression violente. On était alors en plein milieu du procès de Cinq-Mars, accusé d'avoir conspiré avec les Espagnols : il sera exécuté le 12 septembre. En 1640, le duc de Vendôme, accusé d'avoir voulu faire assassiner Richelieu, s'enfuit en Angleterre ; le Roi accordera le « pardon » recommandé par le Cardinal.

1641 avait vu le complot du comte de Soissons, soutenu par les ducs de Bouillon (impliqué également dans la conspiration de Cinq-Mars) et de Guise, et avec l'appui du Roi d'Espagne et de l'Empereur. Soissons fut « tué dans des conditions obscures », et le duc de Bouillon chercha et obtint « un accommodement, qui comportait notamment que le corps du chef rebelle (...) coupable de lèse-majesté au premier chef, ne fût pas traîné sur une claie, mais enterré honorablement. Richelieu avait préconisé la réconciliation[6] ». Selon Georges Couton, la création de *Cinna* peut avoir eu lieu à la fin du mois d'août, ou au début septembre de l'année suivante. Lorsque Cinna dit à Auguste : « On a fait contre vous dix entreprises vaines ; / Peut-être que l'onzième est prête d'éclater » (II.1, vs. 490-91), ou bien, que l' « On hait la monarchie » (*ibid.* v. 483), la référence n'est pas du tout ambiguë. Bien entendu, il ne s'agit pas de cas précis, mais bien d'une situation générale qui dure depuis des années.

En fait, en ce qui concerne sa présence dans la pièce, ce passé violent qui absorbe la passion d'Emilie, n'est lui-même qu'une question de paroles : tous, Emilie, Cinna, Auguste, le *racontent* : Emilie à elle-même dans cette première scène, Cinna aux conjurés (exhortation qu'il « raconte » une seconde fois à Emilie), Auguste à Cinna et à Maxime. Il s'agit d'un passé révolu que les conjurés cherchent surtout à faire revivre dans le présent sous forme d'une nouvelle violence toujours à recommencer. Qu'il soit question de paroles, et de paroles qui cherchent à s'imposer, Emilie l'avoue clairement : « Je l'ai juré (...) je le jure encore », et « Je lui prescris la loi (...) » (I.2, vs. 53 et 57). Qu'il sera question d'une *lutte* de paroles est indiqué par Fulvie, montrant comment on pousse Emilie à accepter la parole d'Auguste, à la partager : « ses courtisans (...) / Vous pressent à genoux de lui parler pour eux » (*ibid.*, vs. 67-68). Auguste, par contre, cherche à repousser cette violence dans le passé d'où il vient, insistant non sur un souvenir raconté mais sur le *regard* de sa gloire actuelle – le regard et la vision s'opposent, on le sait bien, à l'aveuglement comme la raison à la passion.

Les deux événements dont Corneille s'est servi pour créer sa pièce – à savoir, l'accession d'Auguste à l'Empire et la conspiration de Cinna – étaient en fait historiquement séparés de quelques 25 ans. Leur rapprochement[7] permet à cette opposition de prendre la forme de deux voix, l'une qui cherche à maintenir la violence (et marquée, nous l'avons déjà signalé, par un paradigme du *dire* – et de la confusion), l'autre qui veut imposer le calme (marqué par le regard, la clarté de la vision, et la raison). Elle peuvent s'opposer en un même temps, et le dénouement peut alors se présenter comme une résolution concrète de la violence : l'imposition d'une des paroles sur le silence de l'autre, l'oubli du passé devant l'installation d'une certaine souveraineté.

Question donc de paroles, de discours qui s'opposent, et qui se résoudra non par une lutte physique, mais bien par l'imposition de la parole venue d'Auguste. Question d'opposition et de clémence, soit, mais question surtout du rapport entre le discours, le pouvoir, et une certaine conception de la raison, qui vont ensemble former un réseau d'éléments susceptible de résoudre ce problème de la violence joué chez *Horace* et partout pressant dans la chair même de la France et de l'Europe de l'époque. L'échec de Cinna et d'Emilie sera maintenant mis en termes politiques, reconnaissables par renvoi aux événements et aux discussions du moment. C'est un échec qui sera littéralement absorbé par l'Etat fort, le système rationnel du Pouvoir maintenant en place. Mais l'échec n'est pas simplement celui des conspirateurs, et la fin de *Cinna* peut nous paraître plutôt comme une sorte d'utopie impossible à réaliser – chose confirmée peut-être par *Polyeucte* où l'apothéose du héros implique sa disparition de toute pratique politique, et où le lointain Empereur promet une continuation de la violence – nous préparant ainsi aux pièces de l'ère des Frondes.

Dès le départ, Emilie sent la possibilité du désordre généralisé : « L'ordre mal concerté, l'occasion mal prise, / Peuvent sur son auteur renverser l'entreprise, / Tourner sur toi les coups dont tu le veux frapper » (I.1, vs. 29-31). En effet, et la fin est ici prévue, il s'agira donc de prétendre soumettre sa passion à une raison – le « *devoir* » de vengeance :

> Amour, sers mon devoir, et ne le combats plus :
> Lui céder, c'est ta gloire, et le vaincre, ta honte,
>
> (I.1, vs. 48-49)

Le rappel assez précis de la situation de Rodrigue et de Chimène marque, de façon bien claire, que nous sommes dans une continuation de la même problématique – le souvenir est d'ailleurs verbal, lorsqu'Emilie dira par exemple à Cinna : « Et mon cœur, aussitôt, percé des mêmes coups (...) » (*ibid.*, I.4, v. 335) ; et le rappel des prétentions aristocratiques, que Richelieu a dû écraser par la force, nous montre avec précision quel « passé » est en question et vers quelle violence Emilie veut nous ramener. Ainsi que nous l'avons indiqué précédemment, Richelieu avait fait l'essai et de la clémence et de la force afin de mettre fin à une suite de conjurations dont chacune faisait nécessairement naître la suivante, dans une espèce de guerre civile à n'en plus finir. Ni l'une ni l'autre n'ayant réussi, voilà une raison supplémentaire pour affirmer que la fin de *Cinna* reste utopique.

Quoi qu'il en soit, Cinna, dès le départ, doit bien choisir entre deux langues, selon Emilie : « S'il me veut posséder, Auguste doit périr / (...) / Je lui prescris la loi que mon devoir m'impose » (*ibid.*, I.2, vs. 55-57). Et Fulvie reconnaît qu'il s'agit bien de paroles : « que je vous die », « sa faveur (...) si déclarée », « parler pour eux ». A cette parole « auguste » Emilie oppose le fait brutal (mais appartenant à un lointain passé qu'elle *raconte*) de son père mort (*ibid.*, I.2, v. 69), le fait que, quoi qu'elle en ait, elle soit toujours *ailleurs,* proscrite du lieu où parle l'Empereur – « Je demeure toujours la fille d'un proscrit *(ibid.,* v. 72) – et donc incapable par définition d'utiliser ce discours.

Pour elle, les « bienfaits » d'Auguste *(ibid.,* II.1, v. 73) dont parle Fulvie ne sont qu'autant d'« armes » fournies. Cette parole *donnée* par Auguste, ces dons, deviennent une monnaie d'échange pour « [acheter] contre lui les esprits des Romains » *(ibid.,* v. 80) : elle oppose délibérément « présents » et « achat » *(ibid.,* vs. 79-80). Elle traite les bienfaits mêmes comme une forme d'achat : « c'est *vendre* son sang que se rendre aux bienfaits » *(ibid.,* v. 84). Plus tard ce sera en termes identiques qu'elle « traitera » avec Cinna : « Emilie est ton *prix,* (...) tu me *dois* ton cœur » *(ibid.,* I.3, vs. 276-77). Ce discours qui s'inspire de l'esprit du troc s'oppose directement et constamment à celui de la générosité tenu par Auguste. Ne croyons cependant pas qu'il s'agisse, de part et d'autre, de l'avenir – si la parole d'Auguste se veut celle du grand seigneur féodal, l'on peut voir de même qu'Emilie parle comme l'ennemi cherchant à lui *acheter* un vassal qui lui doit service. On se tournera ici vers l'image d'un passé nostalgique afin de chercher une solution à la violence – d'où son ultime échec : car on ne saurait la chercher que dans un changement entier des rapports de force et dans une relation toute différente entre un pouvoir unique, et bureaucratisé, et l'Etat qu'il dirige.

Cinna, lui, se trouve dans une sorte de lieu intermédiaire, tiraillé entre Auguste et Emilie. Pour les individus qui restent pour ainsi dire dans leur lieu propre – la gloire visible d'Auguste, la proscription d'Emilie (entièrement *dite,* puisqu'on voit qu'elle est *persona grata* à la Cour) – il ne peut y avoir que confrontation et opposition. Entre les deux : l'espace social – celui de Rome même, qui n'est au début que le jouet de ces luttes – où il faut savoir manier le langage, les « pouvoirs » : sinon, on se laisse dépasser. Et c'est très exactement la situation de Cinna, qui veut parler là où parle Auguste, mais *aussi* là où parle Emilie. Or, justement, Emilie cherche à fausser la situation, en prétendant qu'entre les intérêts personnels et les « intérêts publics » *(ibid.,* I.2, v. 106), il n'y a pas de différence – ces derniers « s'attachent aux nôtres », s'agissant de « punir » un « tyran ». Nous l'avons déjà vu essayer une fusion toute semblable, lorsqu'elle a fondu ensemble « devoir » et « vengeance ». Cinna lui-même se fera l'écho de cette confusion, en lui disant que s'il n'allait pas voir Auguste sur son ordre, ce serait « trahir vos intérêts et la cause publique » *(ibid.,* I.4, v. 306). Jusqu'à ce moment il pouvait sembler possible que les deux coïncident, puisque nous n'avons pas encore vu Auguste. Mais à l'issue de cette scène (II.1), ce ne sera plus le cas, et la seule haine d'Emilie sera satisfaite.

Déjà, cependant, nous soupçonnons qu'un tel lien entre des intérêts aussi antagonistes n'existe pas. Les conjurés ont bien l'air d'être liés à une *personne* plutôt qu'à une cause sociale, liés par une « promesse » plutôt que par une conviction politique – et Emilie semble craindre qu'une telle promesse ne puisse se laisser ébranler :

> Et reconnaissez-vous au front de vos amis
> Qu'ils soient prêts à tenir ce qu'ils vous ont promis?
>
> (I.3, vs. 143-44)

Or la « promesse » n'est justement qu'une certaine façon de « parler », dans des circonstances particulières, qui, ici, correspondent au « lieu » d'Emilie. En effet, les conjurés réagissent comme prévu « Au *seul nom de* César, d'Auguste, et d'Empereur » (*ibid.,* v. 159). Et Cinna *raconte* ce que lui, il leur a « *dit* » (*ibid.,* v. 163) au sujet de ce personnage marqué comme exclu de leur lieu : « Si l'on doit le nom d'homme à qui n'a rien d'humain » (*ibid.,* v. 167) – l'« inhumanité » de l'autre étant toujours le signe de son exclusion du lieu d'où on parle soi-même.

Promesse, violence, narration sont ici liées de la manière la plus stricte : « par un long récit de toutes les misères (...) Renouvelant leur haine (...) Je redouble en leurs cœurs l'ardeur de le punir (...) Je leur fais des tableaux [de la guerre civile] (...) j'ajoute à ces tableaux la peinture effroyable » du truimvirat... et ainsi de suite (*ibid.,* vs. 173-93). De même Cinna souligne qu'il est maintenant en train de *redire* tout cela à Emilie : « Vous dirai-je (...) Pourrais-je vous dire (...) J'ajoute en peu de mots ... » (*ibid.,* vs. 205-15). Le pacte est de nouveau conclu par la parole : « (...) chacun renouvelle / Par un noble serment le vœu d'être fidèle » (*ibid.,* vs. 241-42). On ne s'étonnera pas dès lors qu'il termine en ajoutant que Rome aura à faire de même : « Que Rome se déclare ou pour ou contre nous » (*ibid.,* v. 259). Entre deux lieux de paroles il faut bien marquer son choix par une *déclaration*. Et celui qui lutte pour imposer un tel lieu recevra « la splendeur [d'un nom] » (*ibid.,* v. 266). Le discours *nomme* ceux qui lui appartiennent – et il est, par le vœu, par la promesse, par le serment, bien question d'appartenance, de possession, et d'obéissance.

La différence entre Emilie et Auguste est pourtant manifeste. Le lieu occupé par l'Empereur n'est pas seulement celui de la parole ; il s'y joue un véritable pouvoir : « Cet empire absolu sur la Terre et sur l'Onde » (*ibid.,* II.1, v. 357). Dans ce lieu, Cinna adopte la parole d'Auguste, se dissimulant devant lui. Mais il y paraît sans tarder une nouvelle différence – et de taille. Là où Auguste aborde en toute candeur la question d'une abdication, Cinna se retire dans le mensonge : à l'égard de l'histoire, certes, mais, plus important, à l'égard de sa propre parole, et qui le met en pleine contradiction : « On ne renonce point aux grandeurs légitimes, / On garde sans remords ce qu'on acquiert sans crimes » (II.1, vs. 413-14). Or le mensonge peut très bien être vu comme une violence faite à et dans l'ordre du langage, contrepartie donc de cette violence physique que les conspirateurs veulent rallumer dans l'Etat, et de cette violence psychique, intériorisée, dont nous avons déjà parlé. Le rapport entre le bouleversement du langage, celui de l'Etat, et celui de la personne (lequel, dans un autre discours, celui de la philosophie et de la psychologie naissante, implique l'invention d'une nouvelle subjectivité) – surtout à travers le célèbre passage de l'histoire de Thucydide où le Grec affirme le rôle primordial joué par le mauvais usage du langage au moment de l'origine des guerres civiles – était d'ailleurs devenu un cliché depuis les guerres de religion[8].

On peut donc s'attendre à ce que Cinna et Maxime introduisent dans le discours d'Auguste les termes de celui d'Emilie. Ainsi, Auguste a gagné l'Empire au «*prix* de son sang» (II.1, v. 445), «l'empire est votre *bien*» (*ibid.*, v. 451), «Possédez-les» (*ibid.*, v. 457). Il se peut qu'il s'agisse pour Maxime d'une parodie qu'il retourne contre eux (en prévision sans doute de son comportement ultérieur), puisqu'après tout il utilise ces termes pour convaincre Auguste effectivement de céder l'Empire. Il n'en reste pas moins que Cinna les reprend à ses propres fins :

> Considérez le *prix* que vous avez *coûté.*
> Non pas qu'elle vous croie avoir trop *acheté,*
> Des maux qu'elle a soufferts elle est trop bien *payée,*
> (II.1, vs. 607-09)

Et de continuer de la même sorte : « un bien », «ce prix », «acheter », «son intérêt », « ce funeste don », « le bien commun » (II.1, vs. 612-19). De tels termes seront dès maintenant caractéristiques de cette parole ; que Cinna se loue de sa décision : «(...) qu'après notre effort / Les présents du tyran soient le prix de sa mort » (II.2, vs. 699-700), ou qu'il la mette plus tard en question, se demandant pourquoi il n'accepte pas cette abdication, «qu'au prix de son sang ma passion achète » (III.3, v. 890). Dans les contradictions de Cinna nous voyons de nouveau percer la marque de la violence.

Ce qui est maintenant clair, à Maxime comme au spectateur, c'est la fausseté d'une des paroles. Nous nous trouvons devant une confrontation, mais qui n'est cependant pas tout à fait simple. Il est clair qu'Emilie et Cinna représentent un renouveau illimité de la violence. Auguste le dira plus tard de façon bien précise :

> Règne, si tu le peux, aux dépens de ma vie.
> Mais oses-tu penser que les Serviliens,
> Les Cosses, les Métels, les Pauls, les Fabiens,
> Et tant d'autres enfin de qui les grands courages
> Des héros de leur sang sont les vives images,
> Quittent le noble orgueil d'un sang si généreux,
> Jusqu'à pouvoir souffrir que tu règnes sur eux?
> (V.1, vs. 1534-40)

Ce sont d'ailleurs des vers qui rappellent de manière exacte le problème du renouvellement constant de la rebellion et des conjurations auquel nous nous sommes référé en évoquant tout à l'heure la série des conspirations contre Richelieu. Car la difficulté pour Auguste n'est pas simplement celui d'y opposer la paix et la stabilité : il s'agit en effet d'empêcher tout autre renouveau de la violence. Il sera question de faire disparaître cette autre parole, mais de le faire de manière à empêcher qu'elle ne renaisse : « Rome a pour ma ruine une Hydre trop fertile, / Une tête coupée en fait renaître mille » (IV.2, vs. 1165-66) : le problème, précisément, de Richelieu.

Lieu de la violence, mais surtout de la parole, une certaine solution s'offre immédiatement : l'imposition du silence (en effet, à un certain niveau, il était bien question de faire taire ainsi la voix de l'aristocratie). Le troisième acte est remarquable par le fait qu'il insiste de plus en plus à la fois sur la nature de la parole qui s'oppose à Auguste, et sur la nécessité de l'envisager effectivement comme le lieu de l'Autre, et que l'on peut donc – du moins potentiellement – écarter ou absorber dans le lieu du « Même » qui, ici, prendra la forme du Pouvoir. C'est Cinna, encore, qui souligne le côté « confrontationnel » : « L'un me semble trop bon, l'autre trop *inhumaine* » (III.2, v. 798). Nous l'avons déjà vu utiliser ce mot au sujet d'Auguste, lorsqu'il était question de marquer l'exclusion de l'Empereur de leur lieu : il semble donc que Cinna est déjà fort tenté de changer. Et il répétera bientôt le même mot : « cette aimable inhumaine » (III.3, v. 905). Mot d'une certaine préciosité, si l'on veut, mais il faut cependant se rappeler que c'est la dénomination dont se servira constamment Racine pour qualifier ses « exclues ».

Simultanément, Cinna accentue l'aspect parole, dont le pouvoir le tient lié : « un *serment* exécrable à sa haine me lie » (III.2, v. 814) ; « (...) je dépends de vous, ô serment téméraire » (III.3, v. 893). Lié par cette parole, il ne saurait se libérer. Et lorsqu'Emilie le congédie, c'est précisément selon ces mêmes termes : « Je ne t'en parle plus, va (...) » (III.4, v. 1013). Car Cinna est prisonnier de sa promesse, de son vœu, et, plus exactement, de tout le système de langage et de violence contrôlé par Emilie :

> Ma foi, mon cœur, mon bras, tout vous est engagé,
> Et je ne puis plus rien que par votre congé.
> C'est à vous à régler ce qu'il faut que je fasse,
> C'est à vous, Emilie, à lui donner sa grâce,
> Vos seules volontés président à son sort,
> (III.3, vs. 895-99)

Ce système, marqué également par la constante métaphore financière, est un « réseau discursif » que l'on pourrait volontiers nommer – par un jeu qui n'en est peut-être pas un – *précieux,* dans la mesure même où il est sous l'emprise de ce vocabulaire inexorable et où il n'est pas « naturel » (« cette aimable *inhumaine* »), où il signale, enfin, un lieu à part : « l'empire inhumain qu'exerce vos beautés / Force jusqu'aux esprits, et jusqu'aux volontés » (III.4, vs. 1055-56). Elle « tyrannise », dit-il, jusqu'à « [son] âme » (v. 1054). Ou encore : « Vous le voulez, j'y cours, ma parole est donnée » (v. 1061), mais ce sera l'ultime tyrannie, la dernière violence, car ce sera au dépens immédiatement de sa vie (v. 1062).

Dès le moment où Auguste connaît l'existence de la conjuration, tout change. Mais l'on peut dire en fait que tout avait changé, d'une part depuis qu'Auguste avait rejeté ses hésitations pour accepter pleinement la force de sa parole et de sa *visibilité* (qui s'était toujours opposée au *secret* d'Emilie et des conjurés), et d'autre part, depuis que la parole même d'Emilie, de ses propres forces internes, est venue à ce point ultime de la violence qui annule sa seule raison d'être dans la mort de soi-même. Rien d'étonnant alors que ce point soit précisément celui qu'Auguste débat avec lui-même lorsque nous le voyons seul après avoir appris l'existence de la conspiration. Après avoir parcouru toute la violence antérieure (IV.2, vs. 1130-41), il s'interroge sur la dialectique du Pouvoir :

> Mais quoi? toujours du sang, et toujours des supplices!
> Ma cruauté se lasse, et ne peut s'arrêter ;
> Je veux me faire craindre, et ne fais qu'irriter.
> Rome a pour ma ruine une hydre trop fertile,
> Une tête coupée en fait renaître mille,
> Et le sang répandu de mille conjurés
> Rend mes jours plus maudits, et non plus assurés.
>   (IV.2, vs. 1162-68)

Il est donc remarquable qu'aux prises avec les incertitudes qu'il ne sait encore résoudre, ce soit Livie qui lui offre « les conseils d'une femme » (IV.3, v. 1197), qui lui demande de tempérer sa « sévérité » d'homme, lequel a jusqu'à maintenant « fait beaucoup de bruit » mais « sans produire aucun fruit ». Que Couton nous apprenne que la formule se trouve déjà chez Sénèque et Dion Cassius[9] nous semble bien moins intéressant à constater que le fait que voilà exactement le rôle tenu par Sabine tout au long d'*Horace* (ainsi que nous l'avons mentionné précédemment), dans une certaine mesure aussi par l'Infante dans *Le Cid,* et qui sera celui de Pauline dans *Polyeucte.* Par ailleurs, Auguste y insiste, qui lui répond : « Vous m'aviez bien promis des conseils d'une femme : / Vous me tenez parole, et c'en sont là, Madame » (IV.3, vs. 1245-46). Ce qui, comme l'on sait, ne l'empêchera pas de les suivre (son utilisation de la phrase – « vous me tenez parole » – n'est certainement pas ici dépourvu de signification car Livie se situe en effet dans la parole d'Auguste, et elle lui offre en fait l'accomplissement de ses propres intérêts.

C'est maintenant également que l'autre femme de la pièce change de langue. Emilie, que nous voyons tout de suite avec Livie, parle non seulement de sa « joie » (IV.4, v. 1267), mais surtout en termes de *désaveuglement,* de manque de confusion, et de *vision,* lorsqu'elle accuse Maxime de trahison :

> Mon noble désespoir ne m'a point aveuglée,
> Ma vertu tout entière agit sans s'émouvoir,
> Et je vois malgré moi plus que je ne veux voir.
>   (IV.5, vs. 1374-76)

L'imposition de la voix d'Auguste – en tant que *voix* – sur celle des conspirateurs, imposition qui les réduit *nommément* au silence, est donc amplement préparée. De Cinna, l'Empereur exige alors :

> Observe exactement la loi que je t'impose :
> Prête, sans me troubler, l'oreille à mes discours,
> D'aucun mot, d'aucun cri, n'en interromps le cours,
> Tiens ta langue captive, et si ce grand silence (...)
> (V.1, vs. 1426-29)

Cinna lui fait en effet quelque chose comme une promesse : « Je vous obéirai, Seigneur » laquelle, même si elle s'avère parfois difficile à tenir, marque néanmoins qu'une transformation a eu lieu.

Ce sera de nouveau les femmes qui l'annoncent[10]. Non seulement cette clémence, nous l'avons vu, vient-elle de l'intervention de Livie, mais il incombera à l'Impératrice de souligner une nouvelle fois la distance infranchissable qui s'interpose entre l'être privé et le Roi, distance qui jouissait à l'époque, en théorie et en pratique, du statut d'un lieu commun. Parlant ainsi du crime contre le père d'Emilie, Livie affirme :

> Sa mort, dont la mémoire allume ta fureur,
> Fut un crime d'Octave, et non de l'Empereur.
> Tous ces crimes d'Etat qu'on fait pour la Couronne,
> Le ciel nous en absout, alors qu'il nous la donne,
> (V.2, vs. 1607-10)

Emilie renchérira sur cet aspect de la victoire d'Auguste, en soulignant que « le ciel a résolu votre grandeur suprême », et que son propre changement de « cœur » n'est que le reflet de la transformation de l'Etat (V.3, vs. 1720-24). Il s'agit bien plus que d'une imposition, d'une véritable « absorption » dans le nouvel Etat, Etat d'ailleurs divinisé et qui annonce l'apothéose prochaine d'Auguste. De nouveau, c'est Livie qui le prophétise :

> Oyez ce que les Dieux vous font savoir par moi,
> De votre heureux destin c'est l'immuable loi.
> Après cette action vous n'avez rien à craindre :
> On portera le joug désormais sans se plaindre,
> Et les plus indomptés renversant leurs projets,
> Mettront toute leur gloire à mourir vos sujets.
> (V.3, vs. 1755-60)

Auguste accepte, dit-il, « l'augure », et, ce faisant, souligne qu'il s'agit véritablement d'un acte de parole : « que vos conjurés entendent *publier,* / Qu'Auguste a tout appris, et *veut* tout oublier » (V.3, vs. 1779-80).

L'Empereur réaffirme ainsi, dans ces derniers vers de la pièce, le règne de la volonté, l'imposition de *sa* voix, l'oubli de la violence rejetée dans le passé, et surtout l'absorption de tous dans l'Etat fort. Cette parole est néanmoins fortement marquée de quelque chose de neuf : l'empreinte, justement, d'un tout autre *ailleurs,* et qui cette fois-ci, est vraiment

« inhumain ». Afin d'affirmer la possibilité d'un Etat stable, Corneille se trouve obligé d'avoir recours au garant d'un lieu divin, comme si les forces et la politique humaines n'avaient pas de prise possible sur elles-mêmes. La violence et la constance des luttes sont sans doute résorbées, mais au prix d'une réelle abdication des forces proprement humaines. Dans le théâtre de Corneille ce développement se fait jour à travers l'échec de *Polyeucte* (ainsi que nous l'avons indiqué au début de cet écrit), à travers l'ambiguïté, s'il en est une, de *La Mort de Pompée,* où l'absence du protagoniste nominal, pour glorieuse que puisse avoir été sa mort, ne fait que souligner l'échec ultime de la violence, puis enfin à travers l'histoire religieuse qu'est *Théodore* (histoire donc des rapports avec cet « ailleurs » déjà présent à la fin de *Cinna* et qui remplit entièrement *Polyeucte*), et la pleine violence des pièces des Frondes. Ce ne sera en fait que plus de vingt ans plus tard, sous le règne personnel de Louis XIV, pendant le ministère de Colbert, et dans les « expériences » d'un autre théâtre, que nous pourrons voir un changement dans les forces en question, la résolution d'un certain type de violence, et la mise en place d'autres rapports à l'intérieur de l'Etat. Mais ceci est une autre histoire[11].

NOTES

1. Pierre Corneille, *Œuvres complètes,* éd. André Stegmann, Paris, Editions du Seuil, 1963. Toutes nos références ultérieures seront faites à ce volume par acte, scène et vers.

2. *Tragedy and Truth : Studies in the Development of a Renaissance and Neoclassical Discourse,* New Haven et Londres, Yale University Press, 1980, pp. 219-81 ; « *Bérénice* et la politique du peuple », in *Re-lectures raciniennes : nouvelles approches du discours tragique,* éd. Richard L. Barnett, Tübingen, Gunter Narr Verlag, à paraître. Nous reprenons à présent tous ces travaux dans un ouvrage en cours qui examine l'ensemble du théâtre de Racine sous cet angle : *Racine politique.*

3. Certains résultats d'une telle recherche (utilisant quelques éléments du présent essai) paraîtront en effet ailleurs : « Corneille and Cornelia : Reason, Violence, and the Cultural Status of the Feminine ; or How a Dominant Discourse Recuperated and Subverted the Advance of Women », in *Renaissance Drama,* n.s., N° 18, Spring 1988.

4. Hannah Arendt, *On Violence,* 1969, rpt. New York et Londres, 1970, p. 5.

5. Pour cette datation voir *Corneille,* éd. cit., I. vs. 1573-74.

6. Ed. cit., l. vs. 1584 (cette histoire se passe au mois de juillet 1641). Au sujet des pardons et de la répression, Richelieu avait écrit : « la punition et les bienfaits regardent le futur plus que le passé », pour ajouter qu'« il y auroit plaisir à pardonner un crime, si son impunité ne laissoit point lieu de craindre une mauvaise suite... » (*Testament politique,* éd. Louis André, Paris, Laffont, 1947, p. 345).

7. Bien que, plus tard (IV.2, v. 1248), Auguste dise avoir régné vingt ans, cela ne paraît pas dans les données de la pièce.

8. Sur cette question, voir notre « Montaigne et le sujet du politique », dans *Montaigne,* éd. Steven F. Rendall, Jr., Tübingen, Gunter Narr Verlag, 1984, pp. 127-52. Une version en anglais, plus élaborée, a paru sous le titre : « Montaigne and the subject of Polity », dans *Literary Theory/ Renaissance Texts,* éd. Patricia Parker et David Quint, Baltimore et Londres, Johns Hopkins University Press, 1986, pp. 115-49.

9. Ed. cit., I. v. 1616, p. 950.

10. Cette vision de la femme comme étant celle qui pourra contribuer à faire instaurer un Etat stable et sans recourir à la violence, s'oppose directement aux arguments de Richelieu, pour qui la femme est tout ce qui est de plus « capable de nuire aux Etats » (*Testament politique*, p. 301 ; cf. ce même texte, pp. 324 et 370-71, mais surtout pp. 328-29). Richelieu renchérit ici sur les affirmations de Machiavel. Nous avons dit plus haut (p. 43) que nous ne pouvions pas revenir sur cette question ici. Je crois toutefois qu'il n'est pas inutile de souligner que la problématique de la femme, telle que sa présence est ici signalée chez Corneille, rencontre la forme plus générale sous laquelle elle se retrouve au XVIIe siècle. Carolyn Lougee fait remarquer qu'à partir des années 1620 environ, la pensée « féministe » en France, dès lors appuyée par les salons de Rambouillet et de Lambert, par des écrits tels que l'*Egalité des hommes et des femmes* (1622) de Marie de Gournay, ou le *Triomphe des dames* (1646) de François de Soucy, mettait sérieusement en question certaines présuppositions éthiques traditionnelles : « Alterations in social values », dit-elle, « made weak women into the representative of delicacy ». Plus encore, cela devient une attaque fondamentale contre « the heroic ethic of masculinity » et une dévaluation de la simple « force physique ». Les louanges masculines de la force brute et de la violence commencent alors à céder devant une nouvelle vision qui décrit « the social mission of women in public positions as pacification » (Carolyn C. Lougee, « *Le Paradis des femmes* » : *Women, Salons, and Social Stratification in Seventeenth-Century France*, Princeton, Princeton University Press, 1976, pp. 31-33). On se demande donc si ces pièces de Corneille ne font que refléter de telles vues. Le choix de Livie est à cet égard significatif. Il est vrai que ce personnage est tout donné et par Sénèque (*Essais moraux* : « De Clementia », I-IX) et par Dion Cassius (*Histoire romaine*, Livre LV, par. 14-22), que le premier fournit une bonne partie du discours d'Auguste au Cinna de V.1 (y compris lorsqu'il lui intime de se taire), tandis que Dion raconte la conspiration tout au long, où tous deux parlent nommément des « conseils de femme » proférés par Livie et citent les avis en question. Le fait reste que Corneille a choisi de souligner cet aspect de l'histoire, et que Livie deviendra une des illustrations mêmes du pouvoir féminin. En 1688, Marguerite Buffet écrira : « Livia femme d'Auguste qui regnoit avec luy. Ce grand Empereur la consultoit dans les affaires les plus importantes de l'Empire. Tibère son fils estima si fort ses conseils, qu'ils les preferoit à ceux qui estoient ses plus confidens pour les affaires publiques de son Estat » (Marguerite Buffet, « *Traitté sur les éloges des Illustres Sçavantes, Anciennes & Modernes* », dans ses *Nouvelles Observations sur la langue françoise* (...), Paris, Jean Cusson, 1668, p. 327). Sans doute, Buffet pense-t-elle aussi à la pièce de Corneille (ce qui, d'ailleurs, ne serait pas sans intérêt pour ce qui est de l'étude du « féminisme » à cette époque – que je sache, ce lien n'a pas encore été remarqué par la critique). Mais il n'est pas non plus indifférent qu'à ce sujet, et en 1673, François Poullain de La Barre soutienne dans son *Egalité des deux sexes*, que la force masculine n'est nécessaire qu'à une certaine étape dans l'évolution des sociétés, et qu'à une époque ultérieure, plus civilisée, ce seront « la justesse, le discernement, et la politesse » de la femme qui devront dominer (*De l'égalité des deux sexes*, Paris, Fayard, 1984, p. 37 ; voir aussi C. Lougee, *Paradis*, pp. 20-21). Cet effort de vouloir passer de la violence à la tranquillité, et son lien spécifique à une opposition homme/femme, s'élabore de façon très claire dans le théâtre cornélien entre *Le Cid* et *Polyeucte*, avant l'échec constaté dans les pièces de l'époque des Frondes (sur ces pièces voir l'intéressante étude de George Couton : *Corneille et la Fronde*, Clermont-Ferrand, Publications de la Faculté des Lettres, 1951). Peut-être ne devrions-nous pas nous étonner de trouver une discussion théâtrale qui fasse ainsi écho à celle des salons et même à l'œuvre ultérieure d'un Poullain, et qui oppose à une violence masculine une nouvelle voix, féminine, de la raison – une raison qui s'offre d'ailleurs comme fondamentalement sociale et collective plutôt qu'individualiste. Lougee note à ce sujet que la dévaluation de la force héroïque s'accompagnait d'une tentative pour saper « a norm of reason by definition male », ainsi qu'une forme particulière « of rationalist epistemology » (*Paradis*, p. 31). Elle parle même de la rupture – *breakdown* – de cette épistémologie, mais une telle affirmation me semble insoutenable. Il est toutefois du plus vif intérêt de constater la participation de Corneille à ce débat.

11. Cf. note 2.

PARABASIS 1 – *Pierre Corneille : ambiguïtés*. Alta Press Inc., 1989.

MARINE CORLOUER
University of Regina

Don Sanche d'Aragon :
Ambiguïtés d'une leçon politique

Don Sanche d'Aragon s'est rarement trouvé dans le champ d'étude de la critique cornélienne. Georges Couton y consacre bien un chapitre dans son *Corneille et la Fronde,* Serge Doubrovsky l'envisage rapidement dans son analyse de la dialectique du héros, mais aucune étude détaillée ne lui a jamais été consacrée. Pourtant, cette pièce de 1650 retient notre attention, ne serait-ce que par la dénomination « comédie héroïque » utilisée par Corneille pour la première fois et sur laquelle il insiste longuement dans sa dédicace à Monsieur de Zuylichem. C'est une « véritable comédie », affirme-t-il, « quoique tous les acteurs soient ou rois ou grands d'Espagne, puisqu'on n'y voit naître aucun péril par qui nous puissions être portés à la pitié ou à la crainte » (p. 476). Quant à l'adjectif « héroïque », sa fonction serait de « satisfaire (...) à la dignité de ses personnages, qui pourrait sembler profanée par la bassesse d'un titre que jamais on a appliqué si haut » (p. 497). Ces explications ne laissent cependant de nous intriguer car si la nature de l'action est avancée par l'auteur afin de légitimer le terme « comédie », c'est en fait au statut social des personnages qu'il se réfère pour justifier l'adjectif « héroïque ». La fonction de cette nouvelle dénomination ne serait-elle pas plutôt d'introduire dès le titre de la pièce, la problématique de la légitimité et des rapports ambigus régissants la naissance et le mérite? Autre particularité de *Don Sanche d'Aragon* : l'action y est extrêmement réduite, voire banale. La brièveté du résumé qu'en donne Corneille en témoigne :

> C'est un inconnu, assez honnête homme pour se faire aimer de deux reines. L'inégalité des conditions met un obstacle au bien qu'elles lui veulent durant quatre actes et demi, et quand il faut de nécessité finir la pièce, un bon homme semble tomber des nues pour faire développer le secret de sa naissance, qui le rend mari de l'une, en le faisant reconnaître pour frère de l'autre.
>
> (*Op. cit.,* p. 498)

Intrigue simple donc, dont le moteur est « l'inégalité des conditions », source de tous les débats et conflits.

La discussion de la légitimité de Carlos, de l'écart entre sa condition et sa valeur se poursuit tout au long de la pièce. Elle se trouve en particulier au centre de seize scènes sur vingt-sept[1]. Comment est-elle abordée? Et pourquoi a-t-elle revêtu une telle importance?

« Sang » et « rang » sont fréquemment réunis par la versification au sein d'une rime, pauvre il est vrai, mais que la similarité orthographique enrichit pour l'œil[2]. Néanmoins, la corrélation entre ces deux éléments, infiniment plus profonde, plonge ses racines jusqu'au cœur de l'idéologie du XVIIe siècle ; le couple sang/rang est la condition nécessaire de l'ordre social, et ne peut être dissocié sans que soit mis en péril l'équilibre de la société. C'est cependant ce que fait momentanément Corneille dans *Don Sanche,* et c'est ce qui constituera l'élément dynamique du drame. Les fluctuations de l'identité de Carlos permettront de présenter plusieurs illustrations de cette disjonction.

Au début du premier acte, Carlos, de « sang » inconnu, a le rang de « soldat » (I.1, v. 193) et plus précisément, comme le révèle l'exposé de ses exploits, de général d'armée. Donne Léonor, dès la première scène, nous apprend qu' « il cache exprès la source » de son sang (I.1, v. 46), mais elle reconnaît son « éclatante valeur ». Dans *Don Sanche,* une origine cachée n'est pas forcément « honteuse » ainsi que nous en fait part Donne Elvire : « vous la [sa naissance] présumez basse à cause qu'il la cache » (I.1, v. 50)[3]. Le conflit viendra du fait que ce vaillant soldat, avec raison, prétendra à un rang réservé à la haute noblesse. Ainsi sera posée la question primordiale : un roturier peut-il tenir un rang élevé? Le mérite peut-il compenser la bassesse de la naissance? La réponse de Carlos à cette question est sans ambiguïté aucune :

> Se pare qui voudra des noms de ses aïeux :
> Moi, je ne veux porter que moi-même en tous lieux,
> Je ne veux rien devoir à ceux qui m'ont fait naître,
> Et suis assez connu sans les faire connaître.
> Mais pour en quelque sorte obéir à vos lois,
> Seigneur, pour mes parents, je nomme mes exploits :
> Ma valeur est ma race, et mon bras est mon père.
> (I.3, vs. 247-53)

Ainsi rejette-t-il clairement les exigences sociales de la naissance pour ne fonder son mérite que sur ses actions et sa « valeur ». La Bruyère adoptera une position très similaire dans *Les Caractères* :

> Il apparaît de temps en temps sur la face de la terre des hommes rares, exquis, qui brillent par leur vertu, et dont les qualités éminentes jettent un éclat prodigieux. (...) Ils n'ont ni aïeuls, ni descendants : ils composent seuls toute leur race[4].

Pour les deux auteurs, l'individu n'a donc besoin d'autres ressources que celles qu'il trouve en lui-même, sources du mérite qu'il peut gagner ; Carlos a

« *acquis* ce grand nom de soldat » (I.3, v. 196).

Par intérêt et par amour, les deux reines vont faire écho aux propos de Carlos, et soutiendront la même thèse. Mais en dépit de leurs affirmations, elles ne peuvent ignorer que la réalité invalide leurs déclarations et que l'ordre social interdit cette substitution du mérite personnel à la noblesse du sang. Ainsi, Donne Elvire, après avoir démontré à sa mère qu' :

> Il n'est point d'âme noble en qui tant de vaillance
> N'arrache cette estime et cette bienveillance,
>
> (I.1, vs. 57-58)

n'en réaffirme pas moins le credo traditionnel :

> Et si jamais ses vœux s'échappaient jusqu'à moi,
> Je sais ce que je suis, et ce que je me dois.
>
> (I.1, vs. 67-68)

Donne Isabelle connaît le même dilemme[5] :

> Tu vois tous mes désirs condamnés à se taire,
> Mon cœur faire un beau choix sans l'oser accepter,
> Et nourrir un beau feu sans l'oser écouter.
>
> (II.1, vs. 370-72)

Pour les Grands d'Espagne, représentants et garants de l'ordre social, cette incapacité de la valeur personnelle à laver la tache d'une naissance roturière est tout aussi évidente mais elle ne constitue en rien un problème. L'énormité et le caractère choquant de l'hypothèse contraire apparaît dans le cri du cœur de Don Manrique : « Un soldat bien remplir une place de comte! » (I.3, v. 193). Don Lope, par la suite, sera plus explicite et tentera de convaincre la Reine que, quel que soit sa « valeur », celle-ci n'est rien lorsqu'elle n'est pas associée à « l'éclat de la race » (I.2, v. 241). Les Grands, conformément à l'idéologie du XVIIe siècle, ne peuvent concevoir une dissociation du couple rang/sang. Les deux notions sont à tel point liées en leur esprit qu'ils emploient indifféremment l'un ou l'autre terme pour se référer à leur noblesse. Cette assimilation apparaît nettement dans les deux images symétriques suivantes :

> (...) et sans égard au *sang*,
> Oser *souiller* ainsi *l'éclat* de notre rang!
>
> (I.4, vs. 343-44)

et : Mais disposer d'un *sang* que j'ai reçu *sans tache!*
> Avant que le *souiller* il faut qu'on me l'arrache :
>
> (III.4, vs. 933-34)

Signalons en passant l'extrême cohésion du réseau métaphorique qui s'organise autour d'un nombre très restreint d'oppositions. L'un des systèmes les plus développés est celui qui met en regard le thème de l'éclat (lustre, pureté, illustre...) et celui de la tache et de l'obscurité (boue, souiller...)[6]. Autre système métaphorique important : celui qui joue sur la hauteur et la bassesse, ainsi que l'illustre Donne Isabelle :

> Ils paraîtront en vain, comtes, s'ils vous excitent
> A lui rendre l'honneur que ses *hauts* faits méritent,
> Et ne dédaigner pas l'*illustre* et rare objet
> D'une *haute* valeur qui part d'un sang *abjet*.
>
> (V.5, vs. 1676-80)

Ces réseaux métaphoriques se rapportant au rang et à la naissance ne sont pas d'une grande originalité. Ils appartiennent à la langue courante et sont aisément reconnaissables par le public. On y retrouve la thématique du Roi-soleil et de l'astre royal, que les panégyristes de Louis XIII et de Louis XIV ont exploitée et développée[7].

Ainsi, dès les premières scènes de *Don Sanche,* le conflit apparaît-il structuré par deux conceptions opposées de la valeur : est-ce un bien dont on hérite en naissant, ou un honneur que l'on conquiert et que l'on mérite? Dans son étude *Le Roi-machine,* J.-M. Apostolidès évoque ce conflit :

> Primitivement, l'aristocratie ne constituait jamais un gain définitif, l'honneur était moins un *être* inscrit dans le sang bleu, qu'un *avoir* à reconquérir sans cesse sur les autres par des actions glorieuses. Mais peu à peu, l'aristocratie est devenue un bien cumulable comme les terres, et transmissible comme elles. D'un avoir elle s'est transformée en une essence permanente, qu'on recevait à la naissance et qu'on ne pouvait plus perdre[8].

Apostolidès se réfère ici au XVIIe siècle français. Bien que l'action de *Don Sanche* soit située en Espagne, on y retrouve cependant le même conflit entre les deux conceptions de la noblesse. Par ailleurs, J. Bidwell souligne à juste titre le double vice interne de la thèse que défend le héros de Corneille :

> [Il] façonne un univers fondé sur le mérite personnel. Cependant cet univers est forcément illusoire dans la mesure où il repose tout d'abord sur le déguisement et, en second lieu sur un code social qui n'existe pas dans le contexte aristocratique de la pièce[9].

Les raisons de l'insistance apportée par Corneille à mettre en scène ce conflit et l'intérêt qu'il a présenté pour ses contemporains sont bien connus : *Don Sanche* date de 1649, c'est-à-dire de la Fronde, d'une période au cours de laquelle l'opinion publique était fort sensible à la question de la légitimité du fait de la rebellion des Princes. C'est aussi à ce moment que l'hostilité envers Mazarin atteint son point culminant. Et, ainsi que le rappelle G. Dethan :

> Au XVIIe siècle, la naissance importe avant tout. Celle de Mazarin, à l'étranger et dans une famille modeste, est pour les pamphlétaires une tare rédhibitoire[10].

La vive imagination des polémistes va s'emparer de ce thème et faire des origines de Mazarin, qui ne sont en fait que modestes, des origines mystérieuses, inavouables, et pour le moins fluctuantes[11]. A titre d'exemple, citons cet extrait d'une mazarinade de janvier 1649 :

> Quoy qu'il prenne les haches avec les faisceaux de verges pour ses armes, il ne faut pas s'imaginer que ce soient celles qui servoient de marque d'authorité aux anciens sénateurs de cette florissante République, mais bien les haches dont son ayeul fendoit du bois et les houssines dont son père fouettoit les chevaux. Car on scait que son ayeul étoit un pauvre chappelier, Sicilien de nation, qui eut la fortune si favorable qu'il fut contraint de faire banqueroute et de quitter son pays[12].

Tel autre polémiste, avec plus de concision, parle de lui comme du « dernier des hommes de la plus basse populace de Sicile[13] ». Ainsi, Mazarin vient-il s'inscrire dans la longue tradition pamphlétaire qui s'est attaquée avant lui, pour des raisons similaires et avec les mêmes armes, à Catherine de Médicis, et à Concini. *Don Sanche* ayant été écrit à la même époque que ces pamphlets, il est légitime de voir en Carlos une incarnation des préoccupations du moment et une transposition dans l'univers de la pièce de ce Mazarin / Carlos, qui, malgré « l'honteuse obscurité » de son sang et de son rang, se comporte en égal des Princes, les soumettant à sa volonté et allant jusqu'à les faire emprisonner.

Après le soldat aux origines mystérieuses, nous ne tardons pas à rencontrer un nouveau Carlos ; son sang demeure obscur mais son rang devient plus respectable : il est à présent, par décision de la reine, « Marquis de Santillane, / Comte de Pennafiel, Gouverneur de Burgos » (I.3, vs. 262-63). Cependant, il n'en est que plus « monstrueux[14] » dans la mesure où son rang et son sang sont encore moins en harmonie que par le passé. En effet, son anoblissement par la reine ne change pas la nature de son « sang » et ne peut lui « conférer qu'une grandeur d'établissement, non de race » , ainsi que le rappelle G. Couton[15]. Et *Don Sanche* aborde ici un point crucial : à quel moment un sang impur devient-il noble?

Le conflit demeure donc et les débats se poursuivent : Carlos a-t-il droit à ce rang? Son comportement prouve qu'il est capable de l'assumer et il ne se laisse pas griser par ses nouveaux titres. Si cela est remis en question par les deux reines, ce n'est que dans le cadre d'un jeu rhétorique auquel elles se livrent pour justifier leurs fins :

> Dès que je vous fais Grand, sitôt que je vous donne
> Le droit de disposer de ma propre personne,
> Ce même bras s'apprête à troubler son repos,
> Comme si le marquis cessait d'être Carlos,
> (II.2, vs. 481-84)

feint de s'étonner Donne Isabelle. Quelques scènes plus loin, ce sera au tour de Donne Elvire d'exprimer son regret :

> Mais ce Carlos n'est plus, le marquis lui succède,
> Qu'une autre soif de gloire, un autre objet possède.
>
> (II.4, vs. 653-54)

Cependant, et dans la mesure où ils sont fortement colorés de mauvaise foi ou de jalousie, ces reproches ne mettent pas réellement en doute la valeur de Carlos. Une même subjectivité apparaît dans la décision que prend la reine d'anoblir Carlos : dans la scène 2 de l'Acte I, elle confie à Blanche comment elle a mis « le pouvoir de la Reine » au service du « courroux de l'amante » (II.1, vs. 393-94) et précise :

> J'ai fait Carlos marquis, et comte, et gouverneur,
> Il doit à ses jaloux tous ses titres d'honneur :
> M'en voulant faire avare, ils m'en faisaient prodigue ;
> Ce torrent grossissait, rencontrant cette digue :
> C'était plus les punir que le favoriser.
>
> (II.1, vs. 411-15)

Comment interpréter cet aveu? Sa fonction est-elle dramatique, témoigne-t-il de la valeur de Carlos qui a su gagner l'estime de la reine? Ou bien est-elle « extra-dramatique »? Cette justification a-t-elle pour but d'affaiblir aux yeux du public la signification de l'anoblissement de Carlos par la reine et de laisser entendre que, aveuglée par l'amour, elle n'avait pas mesuré les conséquences de sa décision? Ces deux motivations co-existent dans la scène qui, en outre, permet de préciser la complexité du personnage de Donne Isabelle en laissant entrevoir la faiblesse dissimulée derrière sa force et sa liberté d'esprit apparentes.

Pour ce qui est des Grands, ils perçoivent la part de provocation inhérente à la décision de la reine et ce n'est qu'au nom de l'obéissance qu'ils doivent à leur souveraine qu'ils tolèrent Carlos, comme l'indique la leçon de comportement politique que Don Alvar donne à ses pairs : « Il doit être pour nous ce qu'a voulu la Reine » (I.5, v. 342). Mais cette obéissance est plus théorique que réelle car si ses titres donnent à Carlos le droit de siéger aux côtés de la noblesse, ils ne suffisent pas à le faire accepter hors de la présence de la reine :

> Des généraux d'armée,
> Jaloux de leur honneur et de leur renommée,
> Ne se commettent point contre un aventurier.
>
> (I.5, vs. 337-339)

déclare Don Lope pour qui l'idée d'un combat avec Carlos est encore plus révoltante que celle de refuser de se battre. Sous un ordre apparent, la tension est donc grande, à la suite de la décision de Donne Isabelle d'anoblir Carlos, décision perçue par l'aristocratie comme sacrilège :

> (...) ce rang n'est dû qu'aux hautes dignités,
> Tout autre qu'un marquis ou comte le profane.
>
> (I.3, vs. 260-261)

Comme le fait remarquer G. Couton, « un énervement du pouvoir royal est sensible dans *Don Sanche* malgré les efforts de Corneille pour préserver les prérogatives du souverain[16] », et il ajoute, faisant référence à la situation de la France en 1650 : « C'est l'indication du climat politique nouveau ». Ici encore, les similarités sont évidentes entre la situation présentée dans la fiction et les problèmes politiques de l'époque. Tout d'abord, comme la France, l'Aragon est un pays dont la direction est provisoirement assumée par une reine (l'une est à la recherche d'un époux pour le faire roi, l'autre attend qu'un roi-enfant atteigne la majorité). Bien que d'autres régences l'aient précédée – dont celles de Catherine de Médicis et de Marie de Médicis – Anne d'Autriche ne peut échapper au préjugé, bien ancré dans les consciences, et entretenu par la polémique, qu'une femme ne peut gouverner seule. Ceci ne fait qu'aviver les prétentions au pouvoir des princes. Ceux-ci, acceptant mal d'être maintenus à l'écart des décisions, représentent une menace pour la paix du pays. C'est en effet l'année même de la représentation de *Don Sanche* que les princes de Condé et de Conti sont emprisonnés, et les tensions de cette époque se retrouvent dans la pièce et justifient en particulier l'arrogance des Grands d'Espagne vis-à-vis de leur reine.

Placées dans des situations analogues, les deux reines, Anne d'Autriche et Donne Isabelle, ont des comportements identiques : toutes deux accordent leur soutien à un roturier qu'elles élèvent aux plus hautes responsabilités et sur qui elles s'appuient pour gouverner.

> Qui croira jamais qu'un petit estranger, sorti de la dernière lie du peuple, subjet du Roy d'Espagne, soit monté dans six ans jusques sur les espaules du Roy de France[17] ?

lit-on dans une Mazarinade de 1649 à propos de Mazarin et de sa rapide et spectaculaire ascension sociale. « Sur les espaules du Roy », telle est aussi, symboliquement, la situation de Carlos qui s'est vu confier par Donne Isabelle la responsabilité de choisir un roi à la Castille : « De peur d'en faire un roi je l'ai fait davantage » reconnaît celle-ci (II.1, v. 426). Dans la fiction comme dans la réalité les imaginations s'enflamment à la vue d'une telle marque de confiance : ce ne peut être que pour des raisons condamnables que ces deux souveraines partagent leur pouvoir avec des hommes du peuple. Et ce fut là une autre cible de prédilection pour les pamphlétaires[18]. On va même jusqu'à supposer un mariage de conscience entre la Reine et son Ministre[19], mais ainsi que le précise G. Couton, le bien fondé de telles hypothèses importe peu. Ce qui nous intéresse davantage est qu'étant donné « l'état de l'opinion : cette question était brûlante. (...) Une allusion, même discrète, à un sujet analogue, devrait avoir un écho assuré[20] ».

Le problème d'un individu de sang royal que ses sentiments poussent vers un être d'origine roturière ou d'un rang inférieur, a souvent été exploité. On pense ainsi à la pièce de Shakespeare : *The Winter's Tale*

(1610), dans laquelle un jeune prince s'éprend d'une bergère et faillit ainsi à ses devoirs de prince, ou encore, pour prendre un autre exemple dans l'œuvre même de Corneille, à l'Infante dans *Le Cid.* C'est le conflit décrit par J.-M. Apostolidès entre le « corps privé » et le « corps symbolique » du souverain[21]. Donne Isabelle, comme l'Infante, comme Anne d'Autriche si l'on en croit la rumeur publique, déchirée entre la raison et les sentiments, sacrifie ses devoirs de régente à ses amours, diminuant ainsi sa crédibilité de reine et mettant en danger la stabilité de l'Etat.

Tandis que se poursuivent à la cour d'Aragon les discussions sur la légitimité de Carlos, et que la rebellion des Grands devient de plus en plus manifeste, survient un coup de théâtre : ce Carlos, aventurier dont le « sang » demeure mystérieux et qui a usurpé son rang présent, serait-il ce Don Sanche d'Aragon dont on annonce l'arrivée prochaine? Non content d'avoir un rang et un sang par définition incompatibles, Carlos va ajouter à la confusion générale en révélant ses origines : il est fils de pêcheur. Ainsi, la perception de Carlos par autrui repose-t-elle sur une triple identité : Carlos-Marquis de Santillane-Comte de Pennafiel-Gouverneur de Burgos, Sanche-fils de pêcheur, et Don Sanche-roi d'Aragon. Autrement dit, trois combinaisons différentes dans la relation rang/sang : la « monstruosité » de Carlos n'a fait que croître depuis le début de la pièce. Cette diversité de nature et d'Etat étant inacceptable pour la noblesse, comme pour certains membres du Tiers, tous veulent accréditer l'hypothèse de sa royauté. Mais les conflits ne sont pas résolus pour autant : Carlos refuse cette nouvelle identité que l'on tente de lui imposer :

> Madame, sauvez-moi d'un honneur qui m'offense ;
> Un peuple opiniâtre à m'arracher mon nom
> Veut que je sois don Sanche, et prince d'Aragon.
>   (IV.2, vs. 1194-96)

La raison qu'il en donne étant que cet « honneur qui [l'] offense » vient ternir le sien propre :

> Comtes, ces faux respects dont je me vois surpris
> Sont plus injurieux encor que vos mépris,
> Je pense avoir rendu mon nom assez illustre
> Pour n'avoir pas besoin qu'on lui donne un faux lustre.
>   (IV.2, vs. 1223-26)

Carlos n'en reconnaît pas moins que ces honneurs sont intéressés. En fait, on peut y voir une manœuvre similaire à celle de la reine à l'Acte I, car ainsi que le souligne S. Doubrovsky, « la haute société [s'est mise] sur-le-champ en devoir de récupérer l'intrus en l'anoblissant[22] ». Si l'ambition l'avait empêché de percevoir cette première manœuvre, cette fois, la crainte d'une déconvenue lui ouvre les yeux :

> Pour me faire un honneur, on veut que je l'achète,
>   (IV.3, v. 1270)

A ce point de l'action, le thème de la chute empreint son discours. Cette crainte était déjà présente dans son monologue de l'Acte II : « Du rang où l'on m'élève il [le souvenir de sa naissance] me montre la chute » (II.3, v. 618). On le retrouve ici dans des termes très semblables : « Ah ! nom fatal pour moi, que tu me persécutes / Et prépares mon âme à d'effroyables chutes ! » (IV.4, vs. 1354-55). Plus loin, il évoque le « sort jaloux » qui « veut [l'] élever plus haut pour [l'] en précipiter » (IV.4, v. 1360). Ce thème de la chute s'inscrit dans la série des métaphores sur la « hauteur » et la « bassesse » que nous avons mentionnée précédemment.

Un autre thème, essentiel, que l'on retrouve dans les protestations de Carlos quant à la nouvelle identité que l'on veut lui imposer, est celui de l'illusion. Il est question de « fantôme d'une heure » (IV.2, v. 1198)[23], de « roi de comédie » (v. 1230), d'« éclat ridicule » (v. 1234) – échos du discours précédent de don Lope évoquant un « roi déguisé » (v. 1215) et d'un soldat la « fausse image » (v. 1221)[24]. Les protagonistes *veulent croire* à la nouvelle identité de Carlos. Le peuple « s'aveugle soi-même » (V.4, v. 1583) ; don Manrique déclare que les Grands sont prêts à assumer le mensonge politique qui fera de Carlos ce Don Sanche que l'on annonce :

> Aidez ainsi que nous ce peuple à s'abuser,
> Il aime son erreur, daignez l'autoriser :
> A tant de beaux exploits rendez cette justice,
> Et de notre pitié soutenez l'artifice.
>
> (V.5, vs. 1627-30)

Ce renversement dans l'attitude des Grands à l'égard de Don Carlos repose sur l'espoir de voir l'ordre enfin restauré : leur conception du monde ne serait plus mise en échec par la preuve vivante que l'on peut être de basse extraction et *être* noble. D'autre part, le retour de Don Sanche les libérerait de leurs obligations envers la reine en lui offrant un époux digne de son rang. Pour les Grands, Carlos *doit* être Don Sanche : pour agir avec tant de grandeur, il *doit* être de sang royal. C'est là un thème commun au XVIIe siècle, que l'on retrouve chez Shakespeare, Cervantes, Lope de Vega, Calderón, et tant d'autres des deux côtés des Pyrénées. Ce thème est souvent combiné à celui, également très répandu dans le roman, de l'enfant trouvé et d'origine inconnue. Carlos, conscient des possibilités de renversements de situations et de dénouements inattendus que lui offrirait une naissance mystérieuse, regrette que la sienne ne lui permette aucun espoir :

> Si j'étais quelque enfant épargné des tempêtes,
> Livré dans un désert à la merci des bêtes,
> Exposé par la crainte ou par l'inimitié,
> Rencontré par hasard et nourri par pitié,
> Mon orgueil à ce bruit prendrait quelque espérance
> Sur votre incertitude et sur mon ignorance.
> Je me figurerais ces destins merveilleux,
> Qui tiraient du néant les héros fabuleux,

> Et me revêtirais des brillantes chimères
> Qu'osa former pour eux le loisir de nos pères,
>   (IV.3, vs. 1277-1286)

Absent de la naissance de Carlos (du moins le croit-on à ce moment-là), le merveilleux colorera cependant la réapparition soudaine du roi que tous croyaient mort : on parle de miracle (vs. 1166, 1685, 1787), on n'hésite pas à déclarer que c'est le ciel qui l'envoie (vs. 1106, 1082, 1091, 1462). Bien que codifiées et passées dans le langage courant, ces expressions ont une connotation précise pour le lecteur ou le spectateur du XVIIe siècle : douze ans avant la première représentation de *Don Sanche* était né le futur Louis XIV que l'on avait baptisé Louis Dieudonné. Comme Don Sanche, il arrivait, alors qu'on ne l'espérait plus, après des années d'attente. Dans la bouche de certains, « Dieu-donné » et l'idée de miracle comportaient une connotation marquée d'ironie et de scepticisme, et on se demandait si un élément extérieur n'était pas venu apporter une solution à une situation qui semblait sans espoir. P. Chevalier fait état des doutes émis sur la paternité de Louis XIII et rappelle que la vie du couple royal était fortement perturbée par l'appétence limitée de Louis XIII à l'égard des femmes : « Encore fallait-il pour cela que le roi voulût bien s'approcher d'elle [Anne d'Autriche] et remplir le devoir conjugal ». Et il poursuit : « Comme le roi et la reine n'avaient pas de vie commune constante, en dehors des visites protocolaires que le roi rendait à son épouse, et que leurs rapprochements conjugaux étaient rares, la paternité de Louis XIII a été de bonne heure contestée[25] ». Le public établissant le lien entre ces deux rois « tombés du ciel », un autre débat sur la légitimité était ainsi introduit dans la pièce. En outre, ces deux rois sont « du vrai sang de nos rois » (V.3, v. 1548), et Carlos-Don Sanche, comme Louis Dieudonné, arrive à point nommé pour apporter une solution aux problèmes de succession des couronnes d'Aragon et de France. Ainsi peut-on voir en Don Sanche l'image transposée du futur Louis XIV qui, par son arrivée miraculeuse, et grâce au pouvoir de la légitimité, évite que la couronne ne tombe aux mains des Princes. On retrouve le thème du « vrai sang de nos rois » dans *La Vida es sueño* où le peuple se révolte pour ne plus être gouverné que par Sigismundo, héritier légitime et direct de la couronne[26], et aussi dans *Nicomède* où le héros, pacificateur de la rebellion, veut que l'on reconnaisse en son sang « un vrai sang de monarque » (V.9, v. 1824). On pourrait multiplier les exemples, mais ceux-ci illustrent le credo politique de l'Ancien Régime, suivant lequel un prétendant à la couronne non issu de la lignée royale ne peut pas être légitimé.

La dernière métamorphose de Carlos, après ces changements d'identité et de sang, sera sa reconnaissance comme Don Sanche : de sang royal, il va se réinsérer dans l'ordre et occuper *légitimement* le rang de monarque. Ainsi que le fait remarquer J. S. Bidwell[27], seul un coup de théâtre peut « rétablir l'ordre » et conclure l'action ; lorsque enfin coïncident apparence et réalité, Carlos retrouve la paix dans la cohérence et l'unité de son être :

« Je ne m'étonne plus de l'orgueil de mes vœux » (V.7, v. 1807) ; les Grands voient avec soulagement leurs prédictions confirmées : « nous l'avions bien jugé » (v. 1767) ; quant aux reines, elles peuvent désormais écouter leur cœur « sans faire honte au rang » (v. 1811). Conformément aux règles de la comédie, *Don Sanche* a une fin heureuse : tous les conflits sont résolus et l'ordre social est restauré sans que soient contrariées les aspirations individuelles des protagonistes.

L'examen de la pièce montre que Corneille a voulu poser la problématique de la légitimité, au risque de donner à *Don Sanche* une certaine lenteur et un caractère quelque peu artificiel de par la longueur des discussions et l'importance relativement réduite laissée à l'action. Néanmoins, la conclusion de la pièce reste ambiguë, car en nous révélant finalement que Carlos est en réalité fils de roi, Corneille évite de répondre à la question brûlante qui est posée : nous ne savons toujours pas si un homme du peuple peut tenir un rang souverain. Tout au long de *Don Sanche* deux conceptions opposées sont présentées. L'une est que « bon sang ne saurait mentir », car ainsi que le souligne Donne Léonor :

> (...) le vrai sang des rois, sous le sort abattu,
> Peut cacher sa naissance et non pas sa vertu.
> Il porte sur le front un luisant caractère
> Qui parle malgré lui de tout ce qu'il veut taire.
>
> (IV.2, vs. 1315-18)

C'est le « sang » qui définit les êtres en société et leur dicte leur comportement. C'est lui également qui régit les relations et les solidarités entre les membres de la noblesse par les « liens du sang ». L'autre conception est que l'individu peut évoluer à l'intérieur de la société et accéder au pouvoir, ainsi que le prouverait l'histoire de Carlos[28] :

> Là, j'ai su qu'à seize ans son généreux courage
> S'indigna des emplois de son faux parentage,
> Qu'impatient déjà d'être si mal tombé,
> A sa fausse bassesse il s'était dérobé,
> Que déguisant son nom et cachant sa famille,
> Il avait fait merveille aux guerres de Castille.
>
> (V.7, vs. 1753-58)

Il le proclame fièrement : « Quoique fils d'un pêcheur, [il] a passé pour un prince » (V.5, v. 1650). Dans ce dernier cas, le sang ne serait rien par rapport au mérite. On notera par ailleurs que les *Don Juan* du XVIIe siècle posent le problème inverse : celui de la noblesse en situation de déchéance.

G. Couton, estimant que les commentaires de Corneille sont voilés d'ironie, pense que ce dernier n'est pas à prendre au sérieux :

> C'est avouer là le caractère assez postiche du dénouement. Du reste, Corneille avait envisagé les divers aspects du problème du mérite et de la naissance, fait plaider le pour et le contre, donné avec complaisance à la thèse audacieuse l'occasion de produire ses arguments[29].

Dans son examen de *Don Sanche*, S. Doubrovsky favorise l'autre hypothèse et arrive à la conclusion inverse. Après avoir souligné les différents passages qui éclairent la situation du personnage et démontré que :

> (...) cette vaillance « née de rien », loin d'être révolutionnaire, est d'une stricte orthodoxie nobiliaire ; [qu'] elle ne vise pas à contester l'ordre aristocratique, mais à s'y intégrer et à s'y dissoudre[30],

le critique établit le constat de l'ambiguïté cornélienne :

> Carlos, vaillance insolite, n'était, en définitive, que Don Sanche qui s'ignorait. Il n'y a plus qu'un faux problème : l'héroïsme n'était possible que sur fond de nature noble[31].

Ces deux commentaires mettent en lumière les deux principes qui structurent *Don Sanche*. En soi, ils constituent une illustration supplémentaire de l'ambiguïté cornélienne.

Et pourtant, si le lecteur du XXe siècle est dérouté par les apparentes contradictions de Corneille, il semble que la problématique de la légitimité ait été posée d'une façon encore trop claire au goût de certains de ses contemporains. En 1660, l'auteur précise dans l'examen de la pièce, qu'« elle eut d'abord grand éclat sur le théâtre, mais [qu'] une disgrâce particulière fit avorter toute sa bonne fortune. Le refus d'un illustre suffrage dissipa les applaudissements que le public lui avait donnés trop libéralement (éd. cit., p. 498)[32]. Si l'on admet qu'il y a réellement eu une opposition et que celle-ci venait d'un personnage influent, il est intéressant de constater que *Don Sanche* a été reçu comme une pièce politiquement dangereuse, et que les allusions politiques ont été parfaitement perçues par les contemporains. Mais si le caractère politique de *Don Sanche* est manifeste, sa leçon n'est pas nécessairement celle qui a été entendue par le public du XVIIe siècle et qui a pu valoir à son auteur le refus d'un «illustre suffrage». En effet, le véritable enseignement de la pièce semble affirmer que chacun doit rester à sa place. Ainsi, A. Stegmann qualifie-t-il la pièce d' «apologie du pouvoir royal[33] », tandis que G. Couton parle du «soutien de Corneille à la couronne[34] ». *Don Sanche* illustre les perturbations qu'entraîne celui qui s'élevant au sein d'un ordre social rigide, tente d'être accepté par une aristocratie à laquelle il n'appartient pas.

En définitive, ces deux lectures contradictoires aboutissent à une même conclusion. D'une part, on ne s'attaque pas impunément aux structures sociales, comme en témoigne l'entreprise de Carlos, et d'autre part, Corneille justifie le respect qu'il prêche pour cet ordre social en montrant qu'il ne s'agit pas seulement d'une convention arbitraire établie par une minorité au pouvoir, car une force innée, instinctive, pousse Carlos à se révolter contre sa « fausse bassesse » (V.7, v. 1755), et l'incite à combattre pour retrouver sa place « naturelle » dans l'ordre du monde. Mais si la leçon politique est relativement claire sur ce point, elle laisse cependant en suspens une question lancinante : le Tiers Etat pourrait-il remplir les fonctions mêmes de la noblesse, et donc la supplanter? Nous l'avons vu, Corneille s'est bien gardé de dissiper ce doute, et le fait que le point d'interrogation subsiste alors que tous les autres conflits ont été résolus est, en soi, significatif. Voilà qui amène le lecteur/spectateur à remettre en question le conformisme politique de Corneille et fait apparaître celui-ci comme un précurseur. Ce n'est que près d'un siècle et demi plus tard qu'une réponse sera donnée, lorsque la Révolution démontrera que la roture peut, elle aussi, assumer les privilèges du pouvoir.

NOTES

Les citations du théâtre de P. Corneille renvoient aux *Œuvres complètes,* éd. André Stegmann, Paris, Editions du Seuil, 1963.

1. Acte I, sc. 1, 3, 5 ; Acte II, sc. 2 à 4 ; Acte III, sc. 4 ; Acte IV, sc. 1 à 5 ; Acte V, sc. 3, 4, 5, 7.

2. *Op. cit.,* vs. 347-48 ; 443-44 ; 895-96 ; 927-28 ; 1255-56 ; 1786-88 ; 1811-12.

3. Cette obsession apparaît dans ces autres couples que l'on retrouve fréquemment à la rime : naître/connaître ; naissance/reconnaissance... (cf. éd. cit., vs. 249-50 ; 993-94 ; 1181-82 ; 1373-74 ; 1721-22 ; 1789-1791).

4. La Bruyère, *Les Caractères,* « Du mérite personnel », n° 22, p. 97 dans *Œuvres complètes,* éd. J. Benda, Paris, Gallimard, « La Pléiade », 1951.

5. L'Infante dans *Le Cid* avait déjà exprimé le même dilemme :

> Rodrigue, ta valeur te rend digne de moi ;
> Mais pour être vaillant, tu n'es pas fils de roi.
>
> (V.2, vs. 1571-72)

6. Ces métaphores sont présentes dans les scènes suivantes : Acte I, sc. 1, 3, 5 ; Acte II, sc. 2 ; Acte III. sc. 4 ; Acte V, sc. 4, 5.

7. Cf. *La Antipatía* de Carlos García, édition critique par M. Bareau (Edmonton, Alta Press Inc., 1979).

8. J.-M. Apostolidès, *Le Roi-machine, spectacle et politique au temps de Louis XIV,* Paris, Editions de Minuit, 1981, pp. 56-57.

9. J. Bidwell, « Corneille's *Don Sanche* and the Baroque », *Kentucky Romance Quarterly,* 23, 1976, pp. 239-46 :

> The hero fashions a world based on personal merit. However, this world is necessarily illusory, being founded first of all on disguise and secondly on a social code which does not exist in the aristocratic setting of the play. (p. 243)

10. G. Dethan, *Mazarin, un homme de paix à l'âge baroque,* Paris, Imprimerie Nationale, 1980, p. 279.

11. G. Couton, dans son étude *Corneille et la Fronde* (Clermont-Ferrand, Bussac, 1951), recense certaines des élucubrations sur le métier du père de Mazarin qui est tour à tour : pirate, tavernier, curé de village, chapelier, maître d'hôtel, palefrenier... et pêcheur.

12. C. Moreau, *Choix de Mazarinades,* Paris, J. Renouard et Cie, 1853, p. 157.

13. *Loc. cit.*

14. Nous donnons ici à « monstrueux » son acception au XVIIe siècle d' « assemblage contre nature, horrible », cf. J. Dubois, R. Lagane, *Dictionnaire de la langue française classique,* Paris, Librairie classique E. Belin, 1960.

15. G. Couton, *op. cit.,* p. 52.

16. *Ibid.,* p. 46.

17. C. Moreau, *op. cit.,* p. 98.

18. G. Couton précise que : « Bon nombre de mazarinades, dans les années 1648-1649 s'en prennent à la Reine et au ministre avec une crudité qui rend les citations malaisées » (*op. cit.,* p. 56).

19. *Ibid.,* p. 57.

20. *Ibid.,* p. 58.

21. J.-M. Apostolidès, *op. cit.,* p. 153.

22. S. Doubrovsky, *Corneille et la dialectique du héros,* Paris, Gallimard, 1963, p. 487.

23. Cf. les différents sens du mot « fantôme » répertoriés dans le *Dictionnaire de la langue française classique* (J. Dubois, R. Lagane, *op. cit.*) sont les suivants : « apparence trompeuse, illusoire ; chimère, fiction ; effigie, mannequin représentant une personne ».

24. Ce thème de l'illusion qui triomphe un moment avant que la réalité ne vienne s'imposer à nouveau se retrouve dans *La vida es sueño* de Calderón (vs. 2326-31), et dans *The Winter's Tale* (Acte IV, vs. 458-561).

25. Cf. P. Chevalier, *Louis XIII,* Paris, Fayard, 1979, p. 550.

26. Cf. Calderón, *op. cit.,* vs. 2236-39.

27. Suivant J. Bidwell (*op. cit.,* p. 242) :

> Appearance finally coincides with reality. Thus the stability of his aristocratic world is clearly not manifest until the last possible moment when a world turned upside down can be righted only by the dramatic technique of surprise.

28. Notons cependant que dans *La vida es sueño* la prise de position de Calderón en faveur du libre-arbitre est plus affirmée (cf. *op. cit.,* vs. 789-91).

29. C. Couton, *op. cit.,* p. 53.

30. S. Doubrovsky, *op. cit.,* p. 317.

31. *Ibid.,* p. 319.

32. Plusieurs hypothèses ont été avancées quant à l'identité de cet « illustre suffrage ». Pour G. Couton, il s'agit de Condé : « *Don Sanche d'Aragon,* pièce mazarine, a échoué devant un veto de Condé » (cf. G. Couton, *op. cit.,* p. 60). Telle est aussi l'opinion de M. Rat (*op. cit.,* p. 703). Pour A. Stegmann, cette hypothèse est erronée et ce ne peut être qu'une référence à Mazarin (cf. *L'héroïsme cornélien, genèse et signification,* t. II : *L'Europe intellectuelle et le théâtre, 1580-1680. Signification de l'héroïsme cornélien,* Paris, A. Colin, 1968, p. 398).

33. Cf. A. Stegmann, *op. cit.,* p. 398.

34. Cf. G. Couton, *Corneille,* Paris, Hatier, 1958, p. 130.

JEAN-MARIE APOSTOLIDÈS
Stanford University

Attila, le fléau de Dieu

Le théâtre historique en France a mis longtemps à s'imposer comme « genre noble », partiellement à cause de la prédominance, à partir du XVIIe siècle, des pièces néo-classiques empruntant leurs thèmes à l'antiquité grecque et romaine. A la suite des efforts de Voltaire pour renouveler les sujets de drame, ce genre connaît une première période faste pendant la seconde moitié du XVIIIe siècle. Pendant plus de vingt ans, la pièce de Collé, *La partie de chasse de Henri IV,* est un prétexte à juger les réalisations de Louis XV et Louis XVI[1]. Un peu avant la première représentation de cette œuvre interdite, *Le siège de Calais* de De Belloy avait remporté un triomphe à la Comédie-Française en 1776. Au début de la Révolution, la tragédie de Marie-Joseph Chénier, *Charles IX ou la Saint-Barthélémy* (1791), doit être considérée comme la première pièce révolutionnaire, bien qu'elle coulât des idées nouvelles dans le carcan rigide (pièce en cinq actes et en vers) hérité du siècle précédent[2].

Cependant, le XVIIe siècle a connu plusieurs pièces historiques, parmi lesquelles celles de Rotrou et de Pierre Corneille. Séparer les œuvres mythologiques des œuvres historiques peut paraître arbitraire dans la mesure où toutes reflètent les préoccupations d'une société hiérarchique soucieuse d'affirmer, à travers le théâtre, la permanence de son ordre. On remarque pourtant que les drames historiques de l'époque traitent d'une façon directe les grandes questions politiques soulevées par la monarchie absolue : le rôle de l'Etat, sa légitimité, la différence entre souverain absolu et tyran, les droits et devoirs de l'aristocratie. Parmi ces œuvres, nous avons choisi l'*Attila* de Corneille qui intègre ces différents thèmes. C'est un drame important de la vieillesse du grand tragique dans lequel on peut déchiffrer une conception de l'histoire directement liée à la politique inaugurée par Louis XIV en 1660. Le passé mis en scène n'a de sens qu'à partir du présent, ou plutôt les nouveautés du présent ne peuvent se justifier que dans la mesure où elles paraissent être la remise à jour d'un état ancien que la négligence ou la faiblesse des prédécesseurs de Louis XIV avaient laissé dépérir.

LA CRÉATION D'*ATTILA* DANS SON CONTEXTE

Attila, roi des Huns date de 1666 et a été représenté pour la première fois le 4 mars 1667 par la troupe de Molière établie au Palais-Royal. Le registre de La Grange indique que cette œuvre eut vingt représentations consécutives, témoignage d'un succès honorable pour l'époque. Cette pièce s'explique d'abord par le contexte historique du règne personnel de Louis XIV. Au moment où Corneille la compose, plusieurs œuvres tentent de remettre à jour le passé national de la France, afin de contrebalancer l'héritage omniprésent de la romanité. En 1664, Louis Le Laboureur fait paraître son épopée de *Charlemagne* ; en 1667, Charles Perrault publie son poème *De la peinture* dans lequel, s'adressant à Le Brun, il conseille d'abandonner les sujets « antiques » pour représenter directement, sans le détour de la fable, l'histoire de Louis XIV. Cette même année, Jean Desmarets de Saint-Sorlin retravaille son épopée *Clovis ou la France Chrétienne,* dont la première version date de 1657. Il en publie la version définitive en 1673 en empruntant les traits de Louis XIV pour composer le portrait de son ancêtre[3]. Le temps est à l'épopée et au roman galant parce que les débuts d'un monarque jeune, audacieux, gouvernant sans premier ministre, ont été vécus comme un avènement. La littérature s'est chargée de leur trouver un fondement historique glorieux susceptible de faire pendant à la grandeur romaine. Au théâtre, plusieurs pièces mettent à jour l'origine de la monarchie française. En 1659, Claude Boyer fait jouer une *Clotilde* ; en 1660, Thomas Corneille compose un *Stilicon,* oeuvre à laquelle son aîné fait une rapide allusion dans *Attila*[4] ; en 1672, *Théodat,* du même Thomas Corneille, amplifie le thème « Franc » en mettant en scène la reine des Goths qui possède une rivale du nom d'Ildegonde.

Lors de la création de cette tragédie, Louis XIV vient d'entreprendre la première guerre de dévolution. L'homme de lettres doit s'engager au service de son pays, ce que Corneille expose dans des vers qu'il adresse *Au Roi, sur son retour de Flandre.* L'auteur dramatique vieilli considère que la fonction de l'écrivain est de dresser « l'image du Prince parfait » qu'est Louis XIV, et de la donner à voir sur la scène du théâtre :

> Sur mon théâtre ainsi tes vertus ébauchées
> Sèment ton grand portrait par pièces détachées ;
> Les plus sages des rois, comme les plus vaillants,
> Y reçoivent de toi leurs plus dignes brillants.
> J'emprunte, pour en faire une pompeuse image,
> Un peu de ta conduite, un peu de ton courage,
> Et j'étudie en toi ce grand art de régner
> Qu'à la postérité je leur fais enseigner.
> (*Op. cit.,* éd. cit., p. 886)

Si Corneille se juge trop vieux pour s'engager comme ses fils l'ont fait, du moins peut-il combattre par la plume, établissant ainsi une équivalence, glorieuse pour les premiers, entre gens de lettres et gens d'armes.

Il faut garder en mémoire ce contexte culturel et politique pour comprendre *Attila* qui utilise l'histoire comme arme dans un combat plus général. Pour les intellectuels au service du Prince, il s'agit de présenter Louis XIV comme l'héritier présomptif de l'empire romain. Cinq ans avant la pièce de Corneille, le monarque rédige (ou fait rédiger) des *Mémoires* pour l'instruction du Dauphin dans lesquels il met en garde son fils : que celui-ci ne se laisse pas impressionner par ceux qui se posent en successeurs de la couronne impériale ; les actuels empereurs d'Allemagne n'ont plus rien de la grandeur des Césars ; les princes français possèdent plus qu'eux le droit de se parer du titre impérial[5]. Le désir de se présenter comme seul digne de l'empire n'est pas seulement une question de préséance pour Louis XIV, il s'agit surtout de monopoliser une idéologie qui trouve son enracinement dans un passé lointain et qui permet l'unification intellectuelle de la nation, à un moment où le pays est tiraillé entre un pôle féodal omniprésent dans les apparences et des pratiques précapitalistes qui ne peuvent se dire en termes politiques ou économiques. Dit autrement, la succession impériale fournit moins à la France un surcroît de pouvoir qu'une idéologie de remplacement pendant la période d'accumulation primitive du capital. Cette même année 1667, paraît à Paris un volume d'Antoine Aubéry, avocat au Parlement, *Des justes prétentions du roi sur l'empire,* qui développe de façon systématique la filiation directe entre empire romain et monarchie franque et surtout la nécessité pour la France de reconquérir les terres qui lui appartiendraient, c'est-à-dire, selon Aubéry, les trois quarts de l'Europe[6]. Tout cela à une époque où les prétentions du roi à la succession d'Espagne ameutent contre lui les puissances européennes rivales.

C'est dans un tel contexte intellectuel qu'apparaît *Attila*. L'auteur du *Cid* n'est certes pas le premier à s'intéresser au roi des Huns. Si, dans son *Avis au lecteur,* il ne mentionne comme référence historique que le nom de Marcellin, il a utilisé de nombreuses sources, dont la principale est un historien goth d'expression latine, Jornandès ou Jordanès, qui vivait au VIe siècle après Jésus-Christ. Dans son ouvrage *De Getarum rebus gestis,* cet auteur rapporte les fiançailles d'Attila et d'Honorie à la suite de la bataille des champs Catalauniques en 451. D'autres sources plus récentes ont été mises à profit, que H.-C. Lancaster a mises à jour[7] : *La cour sainte* du père Caussin, et surtout le *Socrate chrétien* de Guez de Balzac, qui contient un portrait d'Attila qui mérite d'être cité car fort proche du personnage de Corneille :

> Il devait périr, cet homme fatal, il devait périr dès le premier jour de sa conduite, par une telle ou une telle entreprise ; mais Dieu voulait se servir de lui pour punir le genre humain et tourmenter le monde : la justice de Dieu se voulait venger, et avait choisi cet homme pour être le ministre de ses

vengeances. La raison concluait qu'il tombât d'abord par les maximes qu'il a tenues ; mais il est demeuré longtemps debout par une raison plus haute qui l'a soutenu. Il a été affermi dans son pouvoir par une force étrangère et qui n'était pas de lui. Cet homme a duré pour travailler au dessein de la Providence. Il pensait exercer ses passions ; il exécutait les arrêts du Ciel. Dieu est poète, et les hommes ne sont que des acteurs[8].

LES DEUX EMPIRES

Avant d'être le drame d'un homme ou d'un couple, *Attila* est celui d'une succession d'empires. Au XVIIe siècle, la connaissance commune présente l'histoire universelle comme celle de quatre empires se succédant les uns aux autres. Corneille met en scène la dernière étape, la plus importante aux yeux de ses contemporains, le passage de l'empire romain à l'empire français :

> Un grand destin commence, un grand destin s'achève ;
> L'Empire est prêt à choir, et la France s'élève.
> (Attila, I.2, vs. 141-42)

A Rome règne le faible Valentinian, frère d'Honorie, qui est dominé par Aétius, son principal chef d'armée. Ce dernier vient de vaincre, deux ans auparavant, Attila aux champs Catalauniques. La Rome que dépeint ici Corneille est celle de la décadence dont il s'est plu dans ses œuvres précédentes à analyser les erreurs en politique extérieure (*Nicomède, Sophonisbe*) ou les dissensions internes (*Sertorius, Othon*). Rome est affaiblie parce qu'aucun empereur ne parvient à retrouver la grandeur des Césars ; la France au contraire est gouvernée par Mérovée, le frère d'Ildione, un monarque d'une carrure exceptionnelle. A quatre reprises au cours du drame, les personnages décrivent le souverain français qui n'apparaît pas en scène, mais qui ne cesse de la dominer. Selon les propos qu'ils tiennent, il faut voir en Mérovée une première ébauche de Louis XIV. Comme le Roi-Soleil, le monarque Franc est tenu pour « le plus grand des rois » (v. 88). Son gouvernement est de type nettement absolutiste : il gouverne sans premier ministre, et tâche de limiter la puissance de l'aristocratie traditionnelle (vs. 221-24) ; il tente d'imposer sa loi sur un territoire qui recouvre presque exactement les frontières de 1660 (vs. 225-28). Les lois fondamentales du royaume, non écrites mais que chaque souverain s'efforcera de respecter, sont mentionnées au cours du drame (vs. 257-59). Pour un spectateur du XVIIe siècle, l'état présent des choses ne lui apparaît pas ici comme le résultat d'une histoire, c'est-à-dire d'une transformation au cours des siècles due à l'action des hommes, mais comme une essence voulue par Dieu. La France du Ve siècle paraît intrinsèquement identique à celle du XVIIe ; la royauté possède un caractère immuable qu'il serait sacrilège de vouloir modifier. Ainsi le gouvernement de Louis XIV se trouve-t-il, dans cette tragédie, projeté dans un lieu imaginaire qui échappe aux hommes. Ne relevant pas d'une contingence historique, il ne saurait être critiqué ou même amélioré : il est parfait dans la mesure où son existence présente recouvre son essence éternelle.

Dans *Attila,* Dieu est un acteur caché qui intervient constamment. Ses intentions sur le monde sont connues grâce à de multiples prophéties faites soit par des devins professionnels soit sur scène par des personnages du drame, sous l'inspiration divine. Ces prophéties concernent aussi bien Rome que la France. Les premières doivent se réaliser à brève échéance ; elles se rapportent à la succession immédiate de Valantinian. Le roi des Ostrogoths Valamir doit engendrer avec Honorie, et un héritier de son sang règnera un jour sur Rome :

> Mes devins me l'ont dit, et s'il en est besoin,
> Je dirai que ce jour peut-être n'est pas loin :
> Ils en ont, disent-ils, un assuré présage.
> Je vous confierai plus : ils m'ont dit davantage,
> Et qu'un Théodoric qui doit sortir de moi
> Commandera dans Rome, et s'en fera le Roi,
> (I.3, vs. 307-12)

Les secondes prophéties concernent la France. Elles couvrent un laps de temps plus long et s'entendent de tous les héritiers de Mérovée, de toute la suite des rois jusqu'à Louis XIV :

> Mais si de nos devins l'oracle n'est point faux,
> Sa grandeur doit atteindre aux degrés les plus hauts,
> Et de ses successeurs l'empire inébranlable
> Sera de siècle en siècle enfin si redoutable
> Qu'un jour toute la terre en recevra des lois,
> Ou tremblera du moins au nom de leurs François.
> (I.2, vs. 91-96)

Ce n'est qu'apparemment que la tragédie recouvre une période de vingt-quatre heures. D'un côté elle s'ouvre sur un passé lointain (la grandeur ancienne de l'empire romain), de l'autre elle se prolonge vers un futur immense et sans fin (la gloire à venir de l'empire français). Cependant la règle des trois unités est respectée et le drame lui-même tient en moins d'une journée. Si les spectateurs comprennent que ce jour marque l'inversion du rapport de force entre Rome et la France, les personnages n'en ont pas clairement conscience, trop pris qu'ils sont dans leurs problèmes particuliers pour contempler en un seul regard le déroulement continu des siècles. Ici, le regard des spectateurs rejoint celui de Dieu, il échappe aux contingences historiques pour se faire tout-puissant. En utilisant cette technique, l'auteur permet au public de participer à cette théologie de l'histoire qu'il met en scène, de l'intérioriser comme un dogme de foi.

La pièce entière est construite sur un jeu complexe de symétries. La première est la symétrie des deux empires qu'Attila tient en équilibre, tâchant de ne pas favoriser l'un au détriment de l'autre, puisque ce savant dosage de forces est à l'origine de son propre pouvoir. La seconde est la symétrie des princesses qui incarnent les deux empires, Honorie et Ildione. L'une est la sœur de Valantinian, l'autre celle de Mérovée. Toutes deux fières de leurs prérogatives, conscientes d'être les pièces maîtresses d'un jeu universel, elles sont deux figures jumelles qui tentent chacune d'influencer Attila. Symétrie enfin des deux monarques qui vivent dans le camp du roi des Huns et lui servent d'otages : Ardaric, roi des Gépides, et Valamir, roi des Ostrogoths, aussi généreux et impuissants l'un que l'autre, forment également deux figures en miroir qui poussent le parallélisme jusqu'à être amoureux des deux princesses promises à Attila. Ce dernier est le seul être « unique » du drame ; il maintient les symétries en parfait équilibre, pour retarder autant que possible le déroulement de l'histoire, la chute d'un empire et l'élévation de l'autre. Si on le nomme le fléau de Dieu, c'est d'abord dans le sens où il est le fléau de cette balance invisible qui structure toute la pièce et tient les forces en suspens. Pour échapper à la symétrie, pour que cesse la gémellité des êtres, des sentiments et des choses qui baigne tout le réel dans l'indistinction, il faut que l'histoire poursuive son cours. Elle ne le pourra que si le lien entre Dieu et les hommes est renoué, lien qui a été rompu par l'infidélité des derniers. Pour cela, il faut que les humains fassent le premier pas, qu'ils versent le sang et accomplissent un sacrifice qui plaise à Dieu. Toute la question est de savoir qui doit être sacrifié. Les deux femmes, leurs amants sont tour à tour promis au sacrifice, qui prend successivement l'apparence d'une nuit de noces avec le monstre, d'un duel ou d'une exécution publique. Mais, pour sortir de la confusion, de l'indifférenciation et de la gémellité, c'est le sacrifice du négatif que Dieu exige.

LE FLÉAU DE DIEU

Attila est un personnage à double face. D'un côté, il est un héros cornélien typique, maître de lui comme de l'univers[9]. Trente ans après *Le Cid,* Corneille reprend parfois pour Attila des expressions qu'il plaçait jadis dans la bouche de Rodrigue. Le roi des Huns gouverne ses passions, il est rusé, machiavélique, séducteur. Il impressionne Honorie autant qu'Ildione, et s'il choisit d'abord d'épouser la première, c'est parce que la seconde lui plaît davantage mais qu'il ne veut pas s'avouer esclave de l'amour. Cette enveloppe civile recouvre un autre aspect du personnage. Attila est un héros négatif, entièrement tourné vers le mal. Il est marqué du signe *moins* parce qu'il a commis le seul crime inexcusable aux yeux d'un spectateur du XVIIe siècle, le régicide. Frère cadet de Vléda, il n'a pas hésité à faire assassiner son aîné pour gouverner à sa place. Ce crime, qui lui est sans cesse reproché au cours de la pièce, n'est que le premier d'une longue liste puisqu'Attila a par la suite tué six autres monarques et qu'il s'apprête à égorger Ardaric et Valamir. A l'égard de ces derniers, le roi des Huns parodie d'une façon grotesque et cruelle les valeurs féodales en les obligeant d'abord à se battre en duel l'un contre l'autre. Valamir se récuse, ne voulant pas offrir à Attila un spectacle de gladiateurs couronnés, et choisit de mourir par la main du bourreau. Mais le roi des Huns tient à cette ignoble représentation qui lui donne la mesure de son pouvoir sur les autres souverains de la terre (vs. 1536-47).

En effet, pendant cette période d'indistinction sociale, où nul pays ne sert d'exemple aux autres parce qu'aucun n'est assez fort pour incarner l'*imperium*, il n'existe aucune puissance susceptible de mettre un frein à la cruauté du barbare. Seule une intervention de Dieu le pourrait car Attila est le *flagellum dei*, l'instrument de la colère divine. Il est d'ailleurs pleinement conscient de son office de bourreau de l'humanité et se présente comme un damné dont les crimes témoignent, à leur façon, de la grandeur de Dieu. Comme Judas Iscariote, il est le négatif de l'Histoire, le maudit qui accomplit sa fonction dans un esprit chrétien. Comme les autres, il prophétise : c'est un mystique négatif dont les saignements de nez perpétuels sont les stigmates inversés. Alors que les plaies des grands stigmatisés de l'âge de la piété baroque rappellent les cinq plaies du Christ, le sang qui coule d'Attila lui remémore sans cesse le sang sacré du monarque qu'il a fait couler (vs. 1599-04). A partir de ce crime originel, les étapes de son existence sont jalonnées par le sang. De même que le roi Midas changeait en or tout ce qu'il touchait, de même Attila transforme en sang tout échange social où il intervient. Il se résoud enfin à épouser Ildione, mais celle-ci, poussée par la logique de la situation, a décidé de l'assassiner pendant la nuit de noces, transformant en un sacrifice sanglant un acte d'amour.

Attila est l'envers du Christ, puisque celui-ci verse son sang pour les hommes tandis que celui-là verse celui des autres, mais agissant ainsi l'un comme l'autre accomplissent la parole divine. La conscience qu'a le roi des Huns de sa grandeur noire l'empêche d'être blessé par des insultes qui, pour tout autre, seraient insupportables (vs. 1564-72). Loin d'en éprouver de la honte, il tire gloire de son ignominie. Sa fonction dépasse sa personne particulière puisqu'elle lui a été imposée par une puissance surnaturelle qu'il ne songe pas à récuser. Il est lucide sur l'origine de sa chance et de son pouvoir, acceptant d'aller jusqu'au bout, c'est-à-dire d'accomplir le châtiment céleste jusqu'à sa propre mort. Il ne peut échapper à l'unicité *essentielle* de sa personne ; seule sa mort détruira la gémellité et l'indifférenciation, permettra à l'histoire de suivre son cours, et transportera le flambeau de l'*imperium* des mains des Romains à celles des Français :

> Eh bien! en attendant ce changement sinistre,
> J'oserai jusqu'au bout lui servir de ministre,
> Et faire exécuter toutes ses volontés
> Sur vous et sur des Rois contre moi révoltés!
> Par des crimes nouveaux je punirai les vôtres,
> Et mon tour à périr ne viendra qu'après d'autres.
>   (V.4, vs. 1593-98)

Dieu, qui est toute bonté, se décharge de son aspect vengeur et jaloux, que met en relief l'Ancien Testament, sur la personne d'Attila. Ce dernier n'est maintenu en vie que pour accomplir cette mission redoutable. Il est invincible comme un ange exterminateur. La conscience de sa supériorité maudite le transforme en un héros joyeux, ironique, cinglant, rempli d'une *furor* dionysiaque :

> (...) Je suis cruel, barbare,
> Je n'ai que ma fierté, que ma fureur de rare.
> On me craint, on me hait, on me nomme en tout lieu
> La terreur des mortels et le fléau de Dieu.
> (III.2, vs. 881-84)

Dieu cependant ne permet qu'un châtiment limité. Une fois sa mission accomplie, Attila s'enfonce dans la solitude et dans la mort. Comme Richard III à la veille de la bataille de Bosworth, les ombres des monarques qu'il a tués viennent lui réclamer le tribut du sang (vs. 1745-48). L'heure sonne pour le maudit de payer sa dette, d'inverser son rôle : de sacrifiant qu'il était jusqu'à présent, il devient sacrifié, victime d'une messe noire dont Dieu lui-même se fait le prêtre.

HISTOIRE ET THÉOLOGIE

La conception de l'histoire qui apparaît ici est théorisée quelques années plus tard par Bossuet dans son *Discours sur l'histoire universelle*. L'évêque de Meaux, comme Corneille, déchiffre dans les évènements historiques la révélation continuée de la Providence. La puissance dévolue à toute nation est ainsi proportionnelle aux plans que Dieu a sur chacune d'elles :

> Ce même Dieu qui a fait l'enchaînement de l'Univers, et qui, Tout-Puissant par lui-même, a voulu pour établir l'ordre, que les parties d'un si grand tout dépendissent les unes des autres ; de même Dieu a voulu aussi que le cours des choses humaines eût sa suite et ses proportions ; je veux dire que les hommes et les nations ont eu des qualités proportionnées à l'élévation à laquelle ils étaient destinés[10].

Selon cette conception, les hommes ne peuvent pas contrôler leur histoire, ils ne peuvent que la subir, comme une bénédiction ou une malédiction, selon les desseins de la Providence. Prisonniers de leur gémellité, les protagonistes d'*Attila* s'agitent mais n'agissent pas. C'est en vain qu'ils tramment des complots, tirent des plans ou proposent des solutions. Seul le roi des Huns possède une action transformatrice sur le monde, mais celle-ci est contrôlée de la sphère céleste. L'impuissance des autres personnages est aussi totale à la fin du drame qu'elle l'était au début. Pendant cinq actes, ils n'ont pas progressé d'un iota, ils sont demeurés les jouets passifs du jeu cruel d'Attila. Il est révélateur à cet égard que les premiers mots du roi des Huns (qui ouvrent la pièce) soient aussi ses derniers, un ordre sèchement donné à Valamir et Ardaric de le suivre, comme s'ils étaient ses esclaves. Entre ces deux commandements, aucune action humaine n'a pu dévier le cours des choses. La pièce pourrait se clore sur cette boucle si l'intervention divine ne venait plaquer une autre fin sur le drame. En effet, la mort inopinée d'Attila n'est due à aucune action humaine, elle se produit comme un miracle. Victime de sa propre rage, le roi des Huns périt d'un saignement de nez incontrôlable. Le sang des victimes dont il s'est gorgé pendant sa vie quitte son corps, le laissant comme une outre vide (vs. 1757-64).

La vie et l'action d'Attila ne trouvent leur sens que replacés dans le cours d'une histoire générale des grandes fondations divines. Le roi des Huns développe lui-même cette théologie historique pour souligner la conscience qu'il a de sa place (vs. 1573-82). Chaque grande colère divine est marquée par un châtiment exemplaire. Le premier a été le déluge universel, il se trouvait sous le signe de l'Eau. Le dernier sera la fin du monde, annoncée par les Ecritures, et se déroulera sous le signe du Feu. Entre les deux, le châtiment du VIe siècle infligé par Attila se passe sous le signe du sang. Ce déluge est également un baptême puisqu'il sanctionne à la fois la chute de l'empire romain et la naissance de l'empire français. Cette conception religieuse que la monarchie entérine tacitement n'est cependant pas dominante au XVIIe siècle. D'autres conceptions de l'histoire apparaissent, plus laïques, qui font de Dieu le spectateur des combats des hommes et non plus l'acteur principal du drame[11]. Bientôt Vico découvrira « cette vérité incontestable : le monde social est certainement l'ouvrage des hommes » ; d'où il résulte que l'on en peut, que l'on en doit trouver les principes dans les modifications mêmes de l'intelligence humaine[12]. Cependant, Corneille n'est pas philosophe mais auteur dramatique et penseur politique. En 1667, Louis XIV n'a connu que des succès, ce dont témoigne la devise qu'il s'attribue *Nec pluribus impar*. Il se croit alors assez fort pour concrétiser le vieux rêve de puissance de ses prédécesseurs, la récupération de l'héritage de Charlemagne, la reconstitution de l'*imperium* autour de sa personne[13]. La tragédie de Corneille, loin d'opposer les Romains aux Français, comme ce sera le cas plus tard, au moment de la « Querelle des Anciens et des Modernes », montre au contraire la filiation étroite qui les unit. Le personnage d'Attila est le maillon noir qui soude en une seule ces deux chaînes d'or.

CONCLUSION

Tel qu'il nous apparaît à travers l'exemple d'Attila, le théâtre historique français du XVIIe siècle remplit une fonction collective. Il s'adresse à la nation, c'est-à-dire à la partie la plus favorisée des trois ordres, celle qui compose l'embryon de ce qu'on nommera plus tard la classe bourgeoise, pour lui proposer une idéologie. Celle-ci présente l'ordre présent des choses comme éternel, voulu par Dieu, transcendant et immuable. Cependant, la mise en scène du passé permet davantage : en prêtant à un homme tel qu'Attila un pouvoir gigantesque, Corneille arrive à dire ce qui, sans cette fiction individualiste, serait indicible. En effet, la pensée politique classique est prisonnière des postulats humanistes sur lesquels elle repose. D'un côté, elle affirme l'éternité de la forme monarchique de gouvernement et sa supériorité sur tous les autres ; elle montre que Louis XIV est le rejeton d'une lignée dont les membres se sont succédés les uns aux autres dans la légalité. D'un autre côté, l'analyse historique qu'elle met à profit possède ses lois qu'elle ne peut pas transgresser : elle en vient donc à mettre en avant les ruptures, les changements, les révolutions qui font de l'Etat présent des choses le résultat de bouleversements humains. En faisant d'Attila le facteur de la translation impériale en même temps que le fouet de Dieu, on fait l'économie d'une réflexion sur la révolution, à une époque où l'exemple récent de l'Angleterre trouble tous les esprits. La révolution devient impensable, indicible, autant dans le passé que dans le présent, puisque les changements sociaux sont l'œuvre d'hommes exceptionnels comme Attila ou Cromwell et non celle des groupes. Il faudra que la pensée historique se libère au XVIIIe siècle de la théologie pour que la révolution puisse être pensée autrement. A ce moment-là, le spectacle du changement ne sera plus donné à voir sur une scène de théâtre, mais dans d'autres lieux, à la chambre des députés, dans la rue, et surtout place de la Révolution.

NOTES

Les citations du théâtre de P. Corneille renvoient aux *Œuvres complètes,* éd. André Stegmann, Paris, Editions du Seuil, 1963.

    1. *Théâtre du XVIIIe siècle,* éd. Jacques Truchet, Paris, Gallimard, « *La Pléiade* », 1974, t. II, pp. 1461 et sv.

    2. D. Hamiche, *Le théâtre et la Révolution,* Paris, Gallimard, 1973.

    3. On peut en effet lire :

        Comme j'ai tâché de donner au héros de mon poème [Clovis] toute la politesse et tous les avantages que peut désirer la délicatesse du goût de notre siècle, chacun jugera bien que notre héros vivant [Louis XIV] m'a fourni un modèle d'admirables qualités, que jamais je n'eusse pu concevoir. (*Clovis ou la France chrétienne,* Paris, C. Cramoisy, 1673. Epitre non paginée)

    4. Au vers 199.

5.   Et sur ce sujet, mon fils, de peur qu'on ne veuille vous imposer quelquefois par les beaux noms d'Empire romain, de César ou de successeurs de ces grands empereurs dont nous tirons nous-même notre origine, je me sens obligé de vous faire remarquer combien les empereurs d'aujourd'hui sont éloignés de cette grandeur dont ils affectent les titres.
(Louis XIV, *Mémoires,* in P. Goubert, *L'avènement du Roi-Soleil,* Paris, Gallimard, 1967, p. 140)

6.   Ce livre, qui suscitera de nombreuses réfutations à l'étranger, parmi lesquelles le volume du baron François-Paul de Lisola, *Le bouclier d'Etat et de Justice,* en 1667, vaudra à son auteur un bref séjour à la Bastille. Cf. Etienne Thuau, *Raison d'Etat et pensée politique à l'époque de Richelieu,* Paris, A. Colin, 1966, p. 293.

7.   *A History of French Dramatic Literature in the Seventeenth Century,* Baltimore, Johns Hopkins Press, 1932, Part III, vol. II, pp. 590 et sv.

8.   Cité par Michel Autrand, *Notice sur Attila,* Nouveaux classiques Larousse, 1965, p. 13.

9.   Serge Doubrovsky, *Corneille et la dialectique du héros,* Paris, Gallimard, 1963.

10.   Bossuet, cité par Georges Gusdorf, *La révolution galiléenne,* Payot, 1969, t. II, p. 405.

11.   Pour une analyse plus complète des diverses conceptions de l'histoire au XVIIe siècle, voir notre essai : « The Problem of History in Seventeenth-Century France », *Diacritics,* vol. XII, N° 4, Winter 1982, pp. 58 et sv.

12.   Jean-Baptiste Vico, *Principes de la philosophie de l'histoire, traduits de la* Scienza nuova, rééd. Paris, A. Colin, 1963, p. 79.

13.   Gaston Zeller, « Les rois de France candidats à l'empire » (1934), rééd. in *Aspects de la politique française sous l'Ancien Régime,* Paris, PUF, 1964.

JONATHAN J. MALLINSON
University of Cambridge

Du jeu de l'amour et de la politique dans *Tite et Bérénice*

Souvent comparé à la *Bérénice* de Racine[1], le *Tite et Bérénice* de Corneille ne tarde pas à décevoir celui qui y cherche la « tristesse majestueuse » qu'inspirent deux amants luttant sans espoir contre une destinée inexorable. La situation historique, essentiellement la même chez les deux dramaturges, suggère en effet à Corneille un drame tout à fait différent. Tite et Bérénice se sont séparés avant le début de la pièce, et le nouvel Empereur, conscient de son devoir, se prépare à épouser Domitie, femme qui, malgré son amour pour Domitian, frère de Tite, attend avec impatience ce mariage avantageux. Domitian essaie d'empêcher cette union, puis Bérénice revient à Rome pour souligner l'étendue de son influence. Cette opposition de quatre personnages aux intérêts inconciliables – la noblesse de l'Empereur et la fierté de la Reine, la femme ambitieuse et l'amant assidu – semble annoncer un conflit de grandes passions – l'amour, l'ambition, le devoir – et certains critiques ont vu dans la pièce une intrigue héroïque, dominée tour à tour par les machinations politiques[2], l'amour-propre[3] et la grandeur d'âme[4]. Un examen minutieux de cette *comédie héroïque,* laisse cependant entrevoir non la confrontation de protagonistes qui auraient chacun un désir unique, une seule identité fixe et clairement définie, mais un jeu de passions souvent confuses et ambiguës qui module les rapports d'amour et d'ambition qu'ils entretiennent, et mine la stabilité apparente de leurs rôles.

Domitian semble à première vue le personnage le moins complexe de la pièce : l'amant fidèle qui ne pense qu'à sauvegarder son amour. Lorsqu'il essaie de dissuader son frère d'épouser Domitie, il lui parle d'une passion réciproque qui le lie à sa maitresse, et qu'il veut défendre à tout prix :

> Car je ne saurais plus vous le taire, oui, Seigneur,
> Vous en voulez la main, et j'en ai tout le cœur :
> Elle m'en fit le don dès la première vue,
> Et ce don fut l'effet d'une force imprévue,

> De cet ordre du ciel qui verse en nos esprits
> Les principes secrets de prendre et d'être pris.
>
> (II.2, vs. 545-50)

Une telle déclaration offre les accents émouvants d'un profond amour, mais replacée dans son contexte dramatique, elle apparaît chargée d'une force à la fois complexe et ironique. Dès le début de la pièce, il est en effet évident que Domitian voit clairement l'ambition de Domitie, décelant avec perspicacité un certain égoïsme dans sa conduite, malgré toutes les protestations d'amour qu'elle lui prodigue. Amoureux, mais tout de même lucide, Domitian n'est pas un amant qui ne croit que ce qu'il veut croire :

> Non, votre ambition ne se peut démentir.
> Ne la déguisez plus, montrez-la tout entière,
> Cette âme que le trône a su rendre si fière.
>
> (I.2, vs. 210-12)

L'amour idéal qu'il évoque devant son frère correspond donc mal à la vérité telle que Domitian la connaît. Un tel décalage indique peut-être la force d'une passion qui l'aveugle momentanément sur l'ambition de sa maîtresse, qu'il avait si savamment dévoilée. Il avait lui-même déjà exprimé tout ce qu'il pouvait y avoir d'imprévisible et de contradictoire dans le cœur d'un amant :

> Mais celle d'un amant n'est pas comme une autre âme :
> Il ne voit, il n'entend, il ne croit que sa flamme,
> Du plus puissant remède il se fait un poison,
> Et la raison pour lui n'est pas toujours raison.
>
> (I.3, vs. 339-42)

On décèle dans ce langage en apparence univoque, l'existence d'un instinct régi tout autant par l'ambition que par l'amour. Tant insister sur la passion que lui témoigne Domitie est faire preuve d'une influence que son frère n'a pas, c'est rivaliser avec l'Empereur dans une lutte qui remonte – nous l'apprendrons plus tard – à sa plus tendre jeunesse :

> Vous étiez encor jeune, et sans vous bien connaître,
> Vous pensiez n'être né que pour vivre sans maître...
>
> (IV.5, vs. 1387-88)

Ces paroles de parfait amant sont donc en même temps que l'expression directe de sentiments amoureux, un rôle soigneusement choisi qui se joue dans le drame d'une ambition cachée.

Cette double identité qui se manifeste dans son discours, où coexistent spontanéité et calcul, caractérise les rapports de Domitian avec sa maîtresse. Il déclare l'aimer, certes, mais le fait qu'elle est pour sa part prête à l'abandonner détermine chez lui des réactions d'une violence révélatrice. Lorsqu'il avoue son espoir de voir échouer les desseins de Domitie, cette idée le séduit, non seulement parce qu'il pourrait ainsi espérer regagner l'affection de son amante, mais aussi parce qu'une telle défaite causerait à cette femme une douleur aiguë :

> Que je verrais, Albin, ma volage punie,
> Si de ces grands apprêts pour la cérémonie,
> Que depuis si longtemps on dresse à si grand bruit,
> Elle n'avait que l'ombre, et qu'une autre eût le fruit !
> Qu'elle serait confuse, et que j'aurais de joie!
>
> (I.3, vs. 303-07)

Ce désir de faire souffrir sa maîtresse, de la punir de son infidélité, apparaît notamment dans sa décision de courtiser Bérénice. Mais s'il est poussé à une telle action – parce qu'il veut faire chanceler la résolution de son frère en le rendant ainsi jaloux – il se plaît aussi manifestement à torturer la femme qui a osé le quitter. Lorsqu'il fait sa cour à la Reine, en présence même de Domitie, et celle-ci lui reprochant sa conduite, il s'en explique ainsi :

> Je faisais à la Reine une offre de service
> Qui peut vous assurer le rang d'impératrice,
> Madame, et si j'en suis accepté pour époux,
> Tite n'aura plus d'yeux pour d'autre que pour vous.
> Est-ce vous mal servir? (...)
>
> (III.2, vs. 763-67)

Domitian joue encore le rôle de l'amant fidèle, mais ce rôle masque de nouveau des sentiments plus complexes ; derrière cette profession de sincérité dans sa dévotion on devine un mépris particulièrement féroce. A la première velléité de liberté de la part de Domitie, Domitian a répondu de la même manière ; il réussit à la rendre jalouse, mais, implicitement, il affirme que sans son aide et son accord elle est incapable de se faire aimer, tant de lui que de Tite. Dans ses rapports avec sa maîtresse, la tendresse le dispute à la violence, et dans les actions d'un tendre amant qui semble tout faire pour protéger sa passion, Corneille laisse entrevoir un orgueil farouche, un désir opiniâtre de dominer.

Bérénice, la reine dont le retour inattendu va troubler Tite et Domitie est, dès sa première entrée, un personnage énigmatique. Elle rend hommage au nouvel Empereur, mais le formalisme de ses propos est d'autant plus frappant que les raisons de son retour demeurent curieusement obscures :

> Et quoique par vous-même autrefois exilée,
> Sans ordre et sans aveu je me suis rappelée,
> Pour être la première à mettre à vos genoux
> Le sceptre qu'à présent je ne tiens que de vous.
>
> (II.5, vs. 627-30)

Exilée, Bérénice a néanmoins la liberté de revenir ; soumise, elle use quand même de son pouvoir. Derrière ce geste apparemment simple se fait déjà sentir toute une trame de passions diverses, le respect et le reproche, la vulnérabilité et la menace.

Le langage de Bérénice exprime la grande fierté d'une reine tolérant mal la puissance de Rome qui se permet de lui enlever son amant. Se comparant au Sénat, elle cherche constamment à faire valoir sa propre influence sur l'Empereur ; ayant recours à une ironie amère elle trahit son mépris pour un homme qui ne sait qu'obéir :

> Vos chimères d'Etat, vos indignes scrupules,
> Ne pourront-ils jamais passer pour ridicules,
> En souffrez-vous encor la tyrannique loi,
> Ont-ils encor sur vous plus de pouvoir que moi?
>   (III.5, vs. 927-30)

Ces instincts de reine, cependant, ne sont pas les seuls à motiver la conduite de Bérénice et derrière son orgueil royal on peut également discerner une crainte plus personnelle : que Domitie ne la remplace dans le cœur de Tite. Dans cette même scène, elle admet la grande beauté de sa rivale et il est évident qu'elle en redoute les dangers :

> Mais Domitie est belle, elle a tout l'avantage
> Qu'ajoute un vrai mérite à l'éclat du visage,
> Et pour vous épargner les discours superflus,
> Elle est digne de vous, si vous ne m'aimez plus.
>   (III.5, vs. 963-66)

Dans plusieurs tragédies antérieures, Corneille avait examiné des rivalités féminines qui se développaient sur un plan politique. Dans *Sertorius*, par exemple, Viriate expliquait ainsi sa méfiance vis-à-vis d'Aristie, qui risquait de frustrer ses desseins en épousant le roi :

> J'ai de l'ambition, et mon orgueil de reine
> Ne peut voir sans chagrin une autre souveraine...
>   (*Op. cit.*, II.4, vs. 693-94)[5]

Ici, la dimension personnelle est certes minimisée, mais Corneille laisse entendre qu'il existe, entre Bérénice et Domitie, une profonde jalousie. Dans cette lutte où elle s'engage totalement, Bérénice ne cherche rien moins qu'une victoire absolue, espérant écraser une rivale qui, favorisée de Rome, mine son prestige de Reine, et qui, en tant que femme, menace également son pouvoir d'amante :

> Je veux du moins, je veux ôter à ma rivale
> Ce miracle vivant, cette âme sans égale.
> Qu'en dépit des Romains, leur digne souverain,
> S'il prend une moitié, la prenne de ma main,
> Et pour tout dire enfin, je veux que Bérénice
> Ait une créature en leur Impératrice.
>   (IV.1, vs. 1127-32)

Ainsi, inspirée par une ambition amoureuse autant que politique, Bérénice essaye-t-elle d'empêcher le mariage de l'Empereur. Manipulant Tite à merveille dès le début, elle se félicite de l'effet de son retour :

> Quelques efforts qu'on fasse, et quelque art qu'on déploie,
> Je vous réponds de tout, pourvu que je le voie,
> Et je ne crois pas même au pouvoir de vos dieux
> De lui faire épouser Domitie à mes yeux.
>
> (IV.1, vs. 1167-70)

Et pourtant, toute la joie, toute la confiance exprimées ici masquent, paradoxalement, la stérilité de son influence. Elle attise la passion de Tite, le réduit à vouloir quitter l'Empire pour la suivre, mais cette preuve ultime de son amour ne peut pas la satisfaire. Elle avait déjà (III.5) rejeté cette solution en raison des dangers auxquels elle exposerait nécessairement l'Empereur, mais vers la fin de la pièce, Corneille laisse entendre qu'un obstacle psychologique, qu'une crainte plus ambiguë sépare les amants. Lorsque Bérénice se croit de nouveau obligée de partir, elle vient annoncer son départ à Tite, cherchant ainsi, dans le désespoir de sa défaite, la seule consolation qui lui reste : celle de voir éclater l'amour de l'Empereur :

> J'irai loin de vos yeux terminer mon malheur.
> Mais laissez-m'en choisir la funeste journée,
> Et du moins jusque-là, Seigneur, pas d'hyménée.
> Pour votre ambitieuse avez-vous tant d'amour
> Que vous ne le puissiez différer d'un seul jour?
>
> (V.4, vs. 1622-26)

Cette réaction de la Reine permet de mesurer toute l'étendue de son isolement de Tite. Ce n'est pas simplement la force des événements externes qui l'oblige à partir seule, mais la constatation que toute autre solution ne lui apporterait aucun bonheur. Si Tite sacrifiait tout au nom de son amour, cet amour même ne pourrait survivre, et Bérénice redouterait,

> De voir tant de faiblesse en une si grande âme!
> Si j'avais droit par là de vous moins estimer,
> Je cesserais peut-être aussi de vous aimer.
>
> (V.4, vs. 1644-46)

Incapable de séparer son respect pour l'Empereur de son amour de l'homme, son désespoir la réduit à torturer son amant. Ses paroles de Reine, fière et puissante, dissimulent le sentiment qu'elle a de sa totale impuissance. Ce langage n'est qu'un rôle, le seul moyen de manifester une influence qu'elle sait pourtant vaine, de protéger un amour qu'elle sait irréalisable.

Si les sentiments politiques et personnels sont ainsi liés dans le person-nage de Bérénice, ils semblent en revanche complètement séparés chez Domitie. C'est ainsi qu'elle précise à Domitian sa hiérarchie des valeurs, sacrifiant volontiers toute tendresse à un orgueil sur lequel se fonde toute sa raison d'être :

> Mon cœur va tout à vous quand je le laisse aller :
> Mais sans dissimuler j'ose aussi vous le dire,
> Ce n'est pas mon dessein qu'il m'en coûte l'Empire ;
> Et je n'ai point une âme à me laisser charmer
> Du ridicule honneur de savoir bien aimer.
>
> (I.2, vs. 218-22)

Nombreuses sont les héroïnes cornéliennes qui expriment de telles ambitions politiques. Dans *Sertorius,* Viriate expliquait ainsi à l'homme qu'elle souhaitait épouser son désir de régner :

> (...) Je sais vous obéir,
> Mais je ne sais que c'est d'aimer ni de haïr,
> Et la part que tantôt vous aviez dans mon âme
> Fut un don de ma gloire, et non pas de ma flamme,
>
> (*Op. cit.,* IV.2, vs. 1283-86)

et dans *Sophonisbe,* l'héroïne donnait à son époux les raisons pour lesquelles elle l'avait quitté en faveur d'un nouvel amant :

> Je l'aimai, mais ce feu, dont je fus la maîtresse,
> Ne met point dans mon cœur de honteuses tendresses :
> Toute ma passion est pour ma liberté.
> Et toute mon horreur pour la captivité.
>
> (*Op. cit.,* III.6, vs. 1105-08)[6]

Ces personnages parviennent évidemment à maîtriser leurs sentiments : l'orgueil et l'ambition dominent tout. Cependant, tel n'est pas le cas chez Domitie, car on discerne chez elle moins la force d'un esprit calculateur que la complexité d'une héroïne qui veut se croire maîtresse de ses instincts, mais qui ne l'est pas.

Dès le début de la pièce, Corneille examine la nature ambiguë de cette ambition dont Domitie semble si fière. Elle s'avoue tentée par le trône auquel elle se croit destinée, mais ce qui la trouble est qu'elle devra non seulement se séparer de Domitian, mais aussi se donner à un homme qui, manifestement, ne l'aime pas :

> Souvent même, au milieu des offres de sa foi,
> Il semble tout à coup qu'il n'est pas avec moi,
> Qu'il a quelque plus douce ou noble inquiétude.
> Son feu, de sa raison est l'effet et l'étude,
> Il s'en fait un plaisir bien moins qu'un embarras,
> Et s'efforce à m'aimer, mais il ne m'aime pas.
>
> (I.1, vs. 33-38)

Son inquiétude implique, bien entendu, une certaine crainte de voir déçue son ambition politique, mais elle dévoile aussi un sentiment plus profond

de jalousie. Lorsque l'amour de Tite pour Bérénice se découvre spontané-
ment (II.6), l'orgueil blessé de Domitie ne tarde pas à éclater ; dans la scène
suivante, elle se déclare tout aussi puissante que la Reine, tout aussi
capable qu'elle de tirer profit de la beauté de ses yeux :

> Juge, par le pouvoir de ceux de Bérénice,
> Si les miens auront peine à s'en faire justice.
> Si ceux-là forcent Tite à me manquer de foi,
> Ceux-ci feront briser le joug d'un nouveau Roi,
> Et si de l'univers les siens charment le maître,
> Les miens charmeront ceux qui méritent de l'être.
>
> (II.7, vs. 691-96)

Pour cette femme, l'accès au trône de l'Empire n'est ouvert qu'à la plus
belle des deux rivales ; puissance politique et influence sexuelle sont
inséparables, l'une est devenue l'indice de l'autre. Se voyant rebutée, elle
contemple avec rage sa faiblesse et son isolement, et commence à se
comparer à Bérénice au niveau le plus fondamental, s'interrogeant sur sa
beauté, hésitant à croire qu'elle, à la différence de sa rivale, ne parvient pas
à se faire aimer :

> Dis-le-moi, tu l'as vue, ai-je peu de raison
> Quand de mes yeux aux siens je fais comparaison?
> Est-elle plus charmante, ai-je moins de mérite?
> Suis-je moins digne qu'elle enfin du cœur de Tite?
>
> (II.7, vs. 697-700)

Cette première explosion de violence laisse entrevoir tout un réseau de
doutes et de craintes ; derrière l'orgueil politique de cette femme on devine
l'existence d'un profond besoin de sécurité.

Les rapports de Domitie et de Domitian sont caractérisés par une
même complexité de sentiments. Malgré ses protestations, il est évident
qu'elle ne parvient pas à rejeter dans l'oubli cet amant dont elle prétend ne
plus vouloir, et lorsqu'il s'offre à Bérénice, sa rage explose. Fureur inspirée
non seulement par le fait que son amant l'abandonne, mais aussi parce
qu'il la délaisse avant qu'elle n'ait épousé l'Empereur :

> Vivez-y, j'y consens, mais vous pouviez, Seigneur,
> Vous hâter un peu moins de m'ôter votre cœur,
> Attendre que l'honneur de ce grand hyménée
> Vous renvoyât la foi que vous m'avez donnée.
>
> (III.2, vs. 789-92)

A travers son regret de perdre Domitian apparaît ici l'expression d'une
crainte, celle de se retrouver abandonnée dans un désert sentimental, de
n'être aimée ni de Tite ni de Domitian.

La force suggestive de cette crainte se révèle plus tard, lorsque, de
nouveau en présence de Domitian, elle est rendue furieuse par les obstacles

qu'il apporte à la réalisation de ses projets. Abandonnée ainsi par les deux hommes, Domitie ne sait plus ce qu'elle ressent ni ce qu'elle espère. L'identité cohérente et lucide d'une femme ambitieuse se fissure et laisse entrevoir un être désemparé qui cherche à se comprendre et se perd dans la complexité de désirs contradictoires :

> Peut-être qu'en l'état où je suis avec Tite,
> Je veux bien le quitter, mais non pas qu'il me quitte.
> Vous en dis-je trop peu pour vous l'imaginer,
> Et depuis quand l'amour n'ose-t-il deviner?
> (IV.3, vs. 1235-38)

Ses propos impliquent encore qu'elle n'aime pas véritablement l'Empereur, mais son ressentiment à l'égard de Tite n'est pas plus grand que sa colère contre Domitian même, auquel elle reproche de ne pas la comprendre, et de ne pas montrer cet amour dont il a autrefois fait profession et dont elle a tellement besoin. L'ambiguïté de ses sentiments culmine dans une déclaration d'amour particulièrement éclairante :

> Tous mes emportements pour la grandeur suprême
> Ne vous déguisent point, Seigneur, que je vous aime,
> Et l'on ne voit que trop quel droit j'ai de haïr
> Un Empereur sans foi qui meurt de me trahir.
> Me condamnerez-vous à voir que Bérénice
> M'enlève de hauteur le rang d'impératrice?
> (IV.3, vs. 1239-44)

Ce qu'elle demande à Domitian est paradoxal, car tout en protestant de son amour, elle veut que son amant l'aide à le quitter. Et pourtant, cette attitude ne se justifie pas simplement par le seul désir de régner, mais aussi par un désir plus profond de se savoir aimée. Consciente du fait que Tite est prêt à tout sacrifier au nom de son amour pour Bérénice, elle exige un pareil sacrifice de la part de Domitian, comme pour se convaincre qu'elle peut inspirer autant d'amour que sa rivale.

Ce mélange confus d'amour et d'ambition se révèle finalement lorsqu'elle se présente devant Tite pour la dernière fois, lui affirmant qu'elle a renoncé à tout sentiment personnel et qu'elle se dévoue totalement à son devoir ; elle ne réclame rien moins de la part de l'Empereur :

> Que vous me rendez mal ce que vous me devez!
> J'ai brisé de beaux fers, Seigneur, vous le savez,
> Et mon âme, sensible à l'amour comme une autre,
> En étouffe un peut-être aussi fort que le vôtre.
> (V.2, vs. 1509-12)

Un tel argument est traditionnel, et d'autres héroïnes cornéliennes avant elle, ont aussi décrit cette noble façon de se conduire. Dans *Agésilas,* par exemple, Mandane soulignait combien il était important d'étouffer les désirs personnels lorsque les circonstances l'exigeaient :

> Mais un grand cœur doit être au-dessus de l'amour.
> Quel qu'en soit le pouvoir, quelle qu'en soit l'atteinte,
>   Deux ou trois soupirs étouffés,
> Un moment de murmure, une heure de contrainte,
> Un orgueil noble et ferme, et vous en triomphez.
>   (*Op. cit.*, vs. 1421-25)

La situation n'est cependant pas la même. Il y a évidemment peu de rapport entre la magnanimité de Mandane et l'orgueil de Domitie, mais le rôle que joue celle-ci n'est pas déterminé par une pure ambition. Ses références à Domitian n'expriment pas seulement le regret d'un amour qu'elle se croit prête à éteindre, elles traduisent également son désir d'inspirer à Tite un sentiment amoureux. Se comparant constamment à cette Reine qu'elle redoute, elle parle d'abord ironiquement de la passion de Bérénice, apparemment si innocente :

> Cet amour épuré que Tite seul lui donne
> Renoncerait au rang pour être à la personne!
> Mais on a beau, Seigneur, raffiner sur ce point,
> La personne et le rang ne se séparent point.
>   (V.2, vs. 1531-34)

Cette remarque, cependant, n'est pas simplement le fruit d'une amère jalousie. Prétentions politiques et besoin de tendresse sont effectivement confondus pour elle comme pour Bérénice, et elle explique, avec une étonnante lucidité, la difficulté qu'elle éprouve à comprendre les sentiments confus et contradictoires que cet homme éveille en elle. Amour et ambition ne sont pas plus étroitement entrelacés qu'à ce moment où elle fait une dernière tentative pour émouvoir cet amant insensible :

> Pour moi, j'aime autrement, et tout me charme en vous,
> Tout m'en est précieux, tout m'en est doux,
> Je ne sais point si j'aime ou l'Empereur ou Tite,
> Si je m'attache au rang ou n'en veux qu'au mérite,
> Mais je sais qu'en l'état où je suis aujourd'hui
> J'applaudis à mon cœur de n'aspirer qu'à lui.
>   (V.2, vs. 1541-46)

Se heurtant à la froideur continue de Tite, Domitie se voit défaite. Hésitant à croire qu'elle n'est pas aimée, elle cherche de nouveau refuge dans l'ostentation d'un geste héroïque :

> Un moment dans le trône éteint tous autres feux,
> Et donner tout ce cœur, souvent ce n'est que faire
> D'un trésor invisible un don imaginaire.
> A l'amour vraiment noble il suffit du dehors,
> Il veut bien du dedans ignorer les ressorts,
> Il n'a d'yeux que pour voir ce qui s'offre à la vue,
> Tout le reste est pour eux une terre inconnue.
>   (V.2, vs. 1554-60)

Cette attitude ne reflète nullement le point culminant d'une ambition qui éteint sans peine tout sentiment personnel ; au contraire, c'est plutôt un geste de désespoir, un rôle qui lui donnera au moins un semblant de force et de cohérence. Au moment même où elle voit ses espoirs politiques déçus, elle essaye également de s'échapper d'elle-même. Incapable de dire au juste ni qui elle aime ni pourquoi, elle s'avoue vaincue par sa propre nature, inconnue et inconnaissable, qu'elle n'est jamais parvenue à maîtriser.

Situé au cœur de cette intrigue, Tite, Empereur, se voit attaqué de toutes parts. Dès son entrée dans la pièce il se reconnaît toujours amoureux de Bérénice, mais il est néanmoins prêt à épouser Domitie, ainsi qu'il le précise bientôt à son frère :

> J'ai des yeux d'Empereur, et n'ai plus ceux de Tite,
> Je vois en Domitie un tout autre mérite,
> J'écoute la raison, j'en goûte les conseils,
> Et j'aime comme il faut qu'aiment tous mes pareils.
> (II.1, vs. 495-98)

De tels propos sont traditionnels. Dans *Nicomède,* par exemple, Prusias avait parlé ainsi de la destinée des Grands :

> Mais il faut que chacun suive sa destinée,
> L'amour entre les rois ne fait pas l'hyménée,
> Et les raisons d'Etat, plus fortes que ses nœuds
> Trouvent bien les moyens d'en éteindre les feux,
> (*Op. cit.,* II.4, vs. 731-34)

Mais derrière le langage héroïque de Tite, se profile une réalité plus complexe, car tout au long de la pièce il se montre conscient de l'ambiguïté de son rôle d'Empereur qui l'oblige à agir contre sa propre volonté. Pour lui, en fait, son grand pouvoir politique n'est autre qu'une chimère cruelle qui lui enlève toute liberté :

> Cette toute-puissance est bien imaginaire,
> Qui s'asservit soi-même à la peur de déplaire,
> Qui laisse au goût public régler tous ses projets,
> Et prend le plus haut rang pour craindre ses sujets.
> (V.1, vs. 1455-58)

La crainte de « déplaire », implicite sous son héroïsme, est pourtant liée à une autre crainte, non moins significative. S'il se voit obligé de quitter Bérénice, ce n'est pas seulement parce que Rome l'exige : l'obéissance à son devoir est également inspirée par la crainte de déplaire à Domitie, dont l'ambition l'effraye, et par la méfiance qu'il éprouve à l'égard de son frère. Devant Domitian, il réinterprète sa résolution – si « noble » en apparence – en essayant de lui expliquer pourquoi il n'ose lui céder la main de Domitie :

> Il y va d'épouser sa haine jusqu'au bout,
> D'en suivre la furie, et d'être le ministre
> De ce qu'un noir dépit conçoit de plus sinistre,

Et peut-être l'aigreur de ces inimitiés
Voudra que je vous perde ou que vous me perdiez...
(IV.5, vs. 1362-66)

Agissant sous cette « contrainte », il reste cependant conscient que ses actions ne reflètent aucune force d'âme héroïque. Le mariage avec Domitie est dès lors pour lui un geste dénué de sens, mais que sa crainte, son désespoir et son orgueil même l'obligent à accomplir :

Je sais qu'un Empereur doit parler ce langage,
Et quand il l'a fallu, j'en ai dit davantage.
Mais de ces duretés que j'étale à regret,
Chaque mot à mon cœur coûte un soupir secret,
Je le dis seulement parce qu'il le faut dire,
Et qu'étant au-dessus de tous les potentats,
Il me serait honteux de ne le dire pas.
(V.1, vs. 1443-50)

Tite, tout comme les autres personnages, essaye d'imposer au monde une cohérence qui n'est finalement qu'une image : son identité d'Empereur résolu n'est qu'un rôle qu'il joue, un masque qu'il est pourtant incapable d'enlever.

La distance ainsi créée entre Tite et Bérénice par les pressions politiques n'est pourtant pas la seule qui apparaisse. Malgré leur amour, Tite ne perçoit qu'imparfaitement les raisons qui déterminent le comportement de Bérénice, et la Reine, par des tentatives qui tendent à la confirmer dans son pouvoir de l'influencer, le laisse souvent hésitant et perplexe. La passion qui éclate dès son retour est accompagnée d'un certain étonnement devant cette situation imprévue : « O Dieux ! est-ce, Madame, aux reines de surprendre ? » (II.5, v. 619), et la joie qu'il éprouve en revoyant Bérénice est troublée par les plaintes d'un amant incrédule. Tourmenté, il reconnaît la confusion de ses sentiments, et ses doléances révèlent clairement le manque de compréhension qui le sépare de Bérénice. Son attention fixée sur la nécessité politique de son mariage, il est aveugle aux effets psychologiques qu'un tel acte pourrait avoir sur la Reine :

Hélas ! Madame, hélas ! pourquoi vous ai-je vue ?
Et dans quel contre-temps êtes-vous revenue !
(...)
Je souffrais Domitie, et d'assidus efforts
M'avaient malgré l'amour, fait maître du dehors.
(III.5, vs. 943-44 et 949-50)

Ainsi distancié de Bérénice, comme elle de lui, Tite se voit victime de la jalousie d'une femme qu'il comprend à peine, et dans le dernier Acte sa résolution entière est de nouveau minée par l'annonce que lui fait Bérénice de son départ ; seul dans sa douleur, il se trouve réduit à exprimer des reproches qui ne font que souligner son isolement :

> De ceux qui m'ont percé souffrez que je soupire.
> Pourquoi partir, Madame, et pourquoi me le dire?
> Ah! si vous vous forcez d'abandonner ces lieux,
> Ne m'assassinez pas de vos cruels adieux.
>
> (V.4, vs. 1635-38)

Tout au long de la pièce, la grande décision reste à prendre : épouser ou non Domitie? Décision lourde de conséquences, tant personnelles que politiques, mais que les protagonistes, troublés et indécis, hésitent à envisager. Dès le début, Tite et Domitie s'affrontent, chacun essayant de rendre l'autre responsable de la décision qui devra être prise. Tite lui pose l'inéluctable question, exigeant qu'elle choisisse elle-même son époux :

> Parlez, parlez, Madame, et daignez nous apprendre
> Où porte votre cœur, ce qu'il sent de plus tendre.
> Qui le possède entier de mon frère ou de moi?
>
> (II.2, vs. 559-61)

Mais, non moins hésitante que l'Empereur, Domitie résiste à cette pression, donnant une réponse dont la menace voilée ne masque qu'imparfaitement les doutes qui l'inspirent :

> Ainsi des deux côtés tout sert à me confondre.
> J'ai cent choses à dire, et rien à vous répondre,
> Et ne voulant déplaire à pas un de vous deux,
> Je veux, ainsi que vous, douter où vont mes vœux.
>
> (II.2, vs. 603-06)

La lutte psychologique se poursuit jusqu'au dernier acte, où Domitie revient se débarrasser de la responsabilité ultime, s'adressant à Tite dans une formule particulièrement suggestive : « Je viens savoir de vous, Seigneur, ce que je suis » (V.2, v. 1490), demande qui restera sans réponse. Tite, pour sa part, se retranchera derrière la décision du Sénat, sans pour autant vouloir s'y engager irrémédiablement :

> Cependant, pour régler le sort de Bérénice,
> Vous pouvez faire agir vos amis au Sénat,
> Ils peuvent m'y nommer lâche, parjure, ingrat :
> J'attendrai son arrêt, et le suivrai peut-être.
>
> (V.2, vs. 1572-75)

Dans la tragédie de Racine, cette résolution pèse lourdement sur les personnages, telle une voix inexorable à laquelle tous doivent obéir. Ici, cependant, elle représente pour les protagonistes le lieu du refuge tout autant qu'un obstacle, un décret utile qui promet de résoudre les conflits intérieurs qu'ils n'arrivent pas à résoudre eux-mêmes.

A la différence de Racine, Corneille introduit dans son dénouement une décision du Sénat qui favorise l'union de Tite et Bérénice, intervention qui rend profondément ambiguë leur décision de se séparer. A première

vue, l'action de Bérénice apparaît comme l'ultime sacrifice de son amour :
elle voit le bonheur tout proche, mais la crainte de mettre en péril la vie de
Tite la dissuade de profiter des circonstances favorables :

> Un million de bras a beau garder un maître,
> Un million de bras ne pare point d'un traître.
> Il n'en faut qu'un pour perdre un Prince aimé de tous,
> Il n'y faut qu'un brutal qui me haïsse en vous.
> (V.5, vs. 1691-94)

Corneille suggère cependant que d'autres mobiles, au-delà de ce rôle
d'amante généreuse, gouvernent les paroles de Bérénice. L'approbation de
Rome lui donne une gloire qu'elle tient à garder intacte :

> Ne me renvoyez pas, mais laissez-moi partir.
> Ma gloire ne peut croître, et peut se démentir.
> Elle passe aujourd'hui celle du plus grand homme,
> Puisqu'enfin je triomphe et dans Rome et de Rome.
> (V.5, vs. 1717-20)

Ainsi, assurée de son amant, se réjouit-elle d'avoir gagné sa bataille et
contre Rome et contre Domitie ; si elle se sépare maintenant de Tite, ce
n'est pas seulement à cause de ses craintes, mais pour imposer à tous sa
supériorité politique, morale et personnelle sur sa rivale. C'est une telle
victoire qu'elle avait recherchée tout au long de la pièce, et elle triomphe
enfin :

> Votre cœur est à moi, j'y règne, c'est assez.
> (...)
> Epousez Domitie: il ne m'importe plus
> Qui vous enrichissiez d'un si noble refus.
> C'est à force d'amour que je m'arrache au vôtre,
> Et je serais à vous, si j'aimais comme une autre.
> (V.5, vs. 1714 et 1729-32)

Dans ce contexte, la décision de Tite de se séparer de Bérénice, est
encore plus significative. D'autres héros cornéliens ont témoigné du fait
que l'imposition d'une certaine grandeur d'âme peut jeter les bases d'une
harmonie nouvelle. C'est ainsi que dans *Agésilas*, le Roi sacrifie noblement
son amour pour Mandane, expliquant ainsi sa décision :

> Un Roi né pour l'éclat des grandes actions
>   Dompte jusqu'à ses passions,
> Et ne se croit point Roi, s'il ne fait sur lui-même
> Le plus illustre essai de son pouvoir suprême.
> (*Op. cit.*, V.6, vs. 1987-90)[7]

Tite semble jouer un rôle identique, acceptant aussi la nécessité du sort,
mais c'est avec une ambiguïté frappante. D'abord incrédule devant l'attitude de sa Reine, il cherche de nouveau à la comprendre, réduit à des
exclamations d'étonnement : « Mais, Madame, tout cède, et nos vœux

exaucés... » (v. 1713) ; « L'amour peut-il se faire une si dure loi? » (v. 1725).
Mais finalement, il se voit obligé de renoncer à tout espoir de mariage et
prononce ainsi sa résolution :

> J'en jure par l'espoir qui nous fut le plus doux :
> Tout est à vous, Madame, et ne sera qu'à vous,
> Et ce que mon amour doit à l'excès du vôtre
> Ne deviendra jamais le partage d'une autre.
>
> (V.5, vs. 1745-48)

A première vue, il semble qu'il s'agisse ici encore d'une noble générosité
parallèle à celle de Bérénice, du refus de profaner un amour qui recèle tant
de dignité. Et pourtant, ce geste voile une réalité plus complexe. L'union
avec Domitie, à laquelle renonce l'Empereur, est loin de représenter un
grand sacrifice, un tribut héroïque à la noblesse de la Reine, et sa générosité
apparente semble reposer tout autant sur la lassitude et le désespoir que sur
une force d'âme magnanime. Il parle certes du renom éternel dont ils vont
bénéficier, mais il n'a plus aucun goût pour la vie, ni le désir de perpétuer
son nom dans ses enfants ; dans ses propos perce une indifférence profonde
qu'il ne tente pas de dissimuler :

> Pour revivre en des fils nous n'en mourons pas moins,
> Et vous mettez ma gloire au-dessus de ces soins.
> Du levant au couchant, du More jusqu'au Scythe,
> Les peuples vanteront et Bérénice et Tite,
> Et l'histoire à l'envi forcera l'avenir
> D'en garder à jamais l'illustre souvenir.
> Prince, après mon trépas soyez sûr de l'Empire,
> Prenez-y part en frère, attendant que j'expire.
>
> (V.5. vs. 1753-60)

Cette scène finale n'évoque pas l'harmonie de deux âmes unies malgré la
distance qui les sépare physiquement : Corneille laisse, au contraire,
deviner une rupture plus profonde. La victoire dont se félicite Bérénice
n'entraîne finalement que l'isolement total de son amant.

Mais si les deux protagonistes sont séparés à la fin, la nouvelle union de
Domitian et Domitie n'en est pas moins imparfaite. Les dernières paroles
de l'Empereur laissent, du moins pour eux, entrevoir un bonheur tant
attendu :

> Ainsi pour mon hymen la fête préparée
> Vous rendra cette foi qu'on vous avait jurée,
> Prince, et ce jour, pour vous si noir, si rigoureux,
> N'aura d'éclat ici que pour vous rendre heureux.
>
> (V.5, vs. 1771-74)

Cependant l'espoir d'une harmonie si pure transforme à peine un amour
caractérisé moins par une tendresse et une confiance réciproques, que par
le désir profond, farouche même, de maîtriser et de subjuguer l'autre. Il est,

en outre, significatif que Domitie n'assiste pas à cette réunion créée pour elle, absence qui souligne ce qui est finalement l'ambiguïté profonde de son sort : le triomphe de son ambition implique en même temps une défaite absolue aux mains de sa rivale.

Tite et Bérénice n'est pas pour Corneille l'histoire de héros qui sacrifient leurs sentiments au devoir ; la pièce ne retrace pas non plus la froide recherche du pouvoir politique, menée par une ambition forcenée. Loin de minimiser la complexité psychologique de ces personnages, Corneille examine les motivations souvent ambiguës qui inspirent leurs actions et l'ambition calculatrice derrière laquelle se devinent les craintes, les incertitudes et les rivalités politiques que doublent des jalousies de femmes hésitantes et vulnérables, expressions de passion réciproque qui cachent l'isolement profond d'amants qui ne parviennent ni à communiquer ni à se comprendre. Non sans raison, le dramaturge a qualifié son texte de *comédie héroïque,* et dans cet examen de passions confuses il reprend certaines des subtiles analyses – si importantes dans ses premières comédies – où, là encore, les amants cherchent refuge derrière un masque, essayent de s'approprier une identité et un langage stables et cohérents pour se défendre de sentiments qu'ils ne comprennent et ne maîtrisent qu'à peine. Dans la Préface de *Don Sanche d'Aragon,* il définit ainsi sa conception d'un genre qu'il avait créé dès 1650 :

> *Don Sanche* est une véritable comédie, quoique tous les acteurs soient ou rois ou grands d'Espagne, puisqu'on n'y voit naître aucun péril par qui nous puissions être portés à la pitié ou à la crainte. (*Op. cit.,* éd. cit., p. 496)

Cette désignation ne représente plus seulement pour Corneille l'absence d'un péril propre à la tragédie, elle lui offre des connotations enrichissantes sur le plan dramatique. Dans *Tite et Bérénice,* il crée un effet de théâtre dans le théâtre, une pièce qui se cache derrière une autre. Cette histoire héroïque du conflit de l'inclination et du devoir, de l'ambition et du désir, n'est finalement qu'une comédie que jouent pour des raisons diverses, Tite et Bérénice, Domitian et Domitie, comédie qui masque une lutte autant psychologique que politique, un tissu de doutes et de jalousies, d'hésitations et de craintes, de malentendus et de menaces, qui se mêlent et se heurtent tout au long de la pièce et dont les troubles échos prolongent un dénouement qui n'avait d'harmonieux que l'apparence.

NOTES

Les citations du théâtre de P. Corneille renvoient aux *Œuvres complètes*, éd. André Stegmann, Paris, Editions du Seuil, 1963.

1. Parmi les critiques les plus récents, voir : E. Thurner, « Titus und Berenike : Kritische Bemerkungen zu den Dramen von Corneille und Racine », in *Linguistic and Literary Studies in Honor of Helmut A. Hatzfeld*, Washington, Catholic University of America Press, 1964, pp. 401-10 ; G. Antoine, « Pour une stylistique comparative des deux Bérénice », *Travaux de linguistique et de littérature*, XI, 1, 1973, pp. 445-61 ; S. Akerman, *Le Mythe de Bérénice*, Paris, Nizet, 1978.

2. Cf. S. Doubrovsky, *Corneille et la dialectique du héros*, Paris, Gallimard, 1963, p. 404.

3. A.S. Gerard, « Self-love in Lope de Vega's *Fuenteovejuna* and Corneille's *Tite et Bérénice* », *Australian Journal of French Studies* 4, 1967, pp. 177-97.

4. Cf. M.-0. Sweetser, *La Dramaturgie de Corneille*, Genève, Droz, 1977, p. 250.

5. Cf. *Pertharite*, I.2, vs. 199-202.

6. Cf. *Attila*, II.2, vs. 481-92.

7. Cf. *Pertharite*, V.5, vs. 1811-22.

ALICE RATHÉ
University of Toronto

Distribution des rôles dans *Pulchérie*

Comme beaucoup d'autres pièces de Corneille, *Pulchérie,* comédie héroïque, se prête à des lectures variées. Que l'on isole l'adjectif héroïque, on y verra le sacrifice librement consenti par l'héroïne qui met ses obligations d'impératrice au-dessus de ses préférences sentimentales[1]. Une interprétation fondée sur le réalisme politique soulignera le drame de l'ambition avec ses manœuvres visant à la prise de pouvoir[2]. Les réactions des personnages s'expliquent aussi par leur hérédité et leur subconscient – Pulchérie, par exemple, a peur de l'union physique – ou par l'âge de l'écrivain devenu sensible aux aspirations de la vieillesse[3]. Dans la courbe évolutive d'une carrière riche et variée, l'avant-dernière production de l'auteur semble rétrospectivement formuler un message ultime : « la dégradation de l'héroïsme et de la gloire[4] ». *Pulchérie* est si bien agencée que chacune de ces interprétations repose sur des arguments solides et précis, de sorte que plus le chercheur tente de présenter une analyse complète de la pièce, plus il risque de se contredire[5]. Ainsi, jusqu'à la fin de sa carrière, Corneille sera resté un maître de l'ambiguïté.

Les indications données par le sous-titre de la pièce, qualifiée de *comédie héroïque,* n'ont pas été négligées[6], mais il reste encore à exploiter certains aspects du terme comédie. La tradition italienne inscrit dans l'intrigue d'une pièce comique une série d'efforts concertés visant à produire une nouvelle fiction, superposée à la fiction de la représentation, un théâtre dans le théâtre, grâce à laquelle se réalisera le but de la comédie, à savoir l'établissement de l'ordre par la résolution heureuse des conflits. Certains personnages agissent à la fois comme participants de l'intrigue et comme auteurs, acteurs, metteurs en scène ou spectateurs de cette même intrigue, examinant leur propre performance et celle des autres d'un œil critique. La pièce prend l'allure d'une démonstration du mécanisme de l'art dramatique, sans ralentir pour autant le rythme de l'action principale.

Le trône de Byzance étant resté vacant à la suite de la mort de l'empereur, il faut en même temps désigner un successeur et combiner des mariages entre les protagonistes de la pièce, Pulchérie, sœur du défunt, deux autres femmes et trois hommes, rattachés entre eux par des liens de parenté, d'amour ou de collaboration politique. On assiste au conflit de six personnalités, mues, à des degrés divers, par l'amour, le devoir ou l'ambition. *Pulchérie* est donc un poème dramatique dont chaque personnage poursuit l'objet de ses désirs et contribue à l'action. A ce titre, les interprétations mentionnées plus haut restent valables dans toute leur complexité. Mais si l'on prend un certain recul à l'égard des détails de l'intrigue et que l'on tente d'établir un parallèle entre la structure de la pièce et les phases de l'élaboration dramatique, l'œuvre peut être envisagée comme une variation sur la technique du théâtre dans le théâtre, présentant non pas un spectacle supplémentaire, superposé à la première action comme dans *L'Illusion comique,* mais le prélude, les préparatifs d'un spectacle, les délibérations et les affres qui accompagnent le choix des acteurs et la mise au point de l'intrigue. Cette perpective permettra d'arriver à plusieurs constatations intéressantes sur l'intrigue et les personnages de la pièce.

L'intrigue consiste en une série d'hésitations. Tout au long de la pièce les questions et les candidats se succèdent : qui remplira le rôle principal, qui aura le second rôle, combien de personnages secondaires admettre sur scène, comment choisir sans trop mécontenter le reste de la troupe et surtout comment donner pleine satisfaction au public? Les manœuvres se multiplient grâce aux combinaisons infinies engendrées comme un bouquet de feux d'artifice par l'esprit inventif de Corneille, rendu encore plus fertile, semble-t-il, par le grand âge. On y décèle même une pointe d'ironie.

Cette intrigue se déroule en deux temps, avec, chaque fois, une solution imprévue. Entre le premier et le second acte est désigné le titulaire du rôle principal, celui d'Empereur de Byzance. Pour son conjoint on attend le dénouement du cinquième acte. Les deux étapes comportent quatre solutions possibles. Pour le trône : Léon, Aspar, Martian et Pulchérie ; pour l'époux : Léon, Aspar, personne et Martian. C'est toujours la dernière, la moins plausible qui l'emporte : une femme au pouvoir suprême, un vieillard « tout vieil et tout cassé » (V.4, v. 1587) comme mari. Corneille, on le sait, aime frapper, étonner, amuser son public, le tenir en haleine. Mais l'on peut aussi justifier la distribution par les impératifs d'une bonne intrigue. Léon deux fois favori au départ, échoue parce qu'il ne comprend pas qu'il doit se préparer à jouer un rôle. Il n'a qu'une idée : se marier, être heureux. On ne saurait construire une pièce intéressante sur un canevas aussi pauvre. Aspar, son principal adversaire, propose, au contraire, de compliquer inutilement l'intrigue. Il entend dédoubler les emplois afin de s'y découper une part considérable. A tour de rôle il s'offre comme partenaire de Léon à l'Empire :

> Jurons-nous que des deux qui que l'on puisse élire
> Fera de son ami son collègue à l'Empire,
>
> (I.4, vs. 261-62)

comme gendre et associé de Martian :

> Vous pourriez partager vos soins avec un gendre,
> L'installer dans le trône, et le nommer César,
> (II.2, vs. 582-83)

ou comme associé et beau-frère de Pulchérie :

> Qu'elle épouse Léon, tous sont prêts d'y souscrire,
> Mais je ne réponds pas d'un long respect en tous,
> A moins qu'il associe aussitôt l'un de nous.
> (...) Songez (...)
> A me faire Empereur pour être impératrice :
> (IV.4, vs. 1414-16 et 1421-22)

C'est à Pulchérie, une fois installée dans le rôle principal, que revient la décision finale. Si elle n'écoutait que ses préférences personnelles, elle pencherait vers la simplicité et réduirait le nombre des personnages en absorbant le rôle du consort dans celui de l'impératrice :

> Je voudrais que le ciel inspirât au sénat
> De me laisser moi seule à gouverner l'Etat,
> (V.1, vs. 1447-48)

Mais devant les exigences de ce sénat, sur la signification duquel nous reviendrons sous peu, elle doit se contenter d'un compromis, véritable chef-d'œuvre d'équilibre, par lequel sont évités les deux excès contraires, l'absence et la surabondance de péripéties. Avec les six acteurs dont elle dispose, elle monte un spectacle comprenant trois couples : le couple régnant, les héritiers et le couple de réserve. Ces multiples noces, improvisées tant bien que mal et accompagnées d'un clin d'œil complice à l'adresse du public, offrent un dénouement digne de la meilleure tradition comique classique, comme en font foi *La Trinuzia* de Firenzuola au XVIe siècle et *Le Mariage de Figaro* de Beaumarchais à la fin du XVIIIe siècle.

Le choix des personnages dépend à la fois de l'agencement de l'intrigue et des qualités personnelles des candidats. A l'égard de celles-ci un double critère est appliqué : l'expérience du théâtre et surtout le talent dramatique naturel, c'est-à-dire l'aptitude à dissimuler avec art son moi intérieur afin de pénétrer dans son rôle et de donner la réplique aux autres. Chaque personnage subit son examen.

Pulchérie, une fois proposée, remporte sans difficulté le rôle principal, son règne de quinze ans par personne interposée attestant de ses qualifications indubitables. Quatre des autres personnages changent de situation au cours de la pièce, et ces transferts sont révélateurs. Martian et Justine, qui débutent au rang effacé de confidents dépourvus de partenaires de l'autre sexe, obtiennent des rôles de premier plan. Leur promotion se justifie amplement. Martian a déjà fait ses preuves ayant su feindre l'indifférence en temps voulu et détourner Pulchérie du mariage : « Sans rendre heureux Léon, je détruisais le reste » (II.1, v. 482). Justine donne une démonstration magistrale des ressources de l'art dramatique à la scène 4 de l'Acte III. Elle propose à Léon désespéré trois remèdes possibles, trois attitudes à adopter : celle de la jalousie : « Mais si vous la piquiez d'un peu de jalousie » (v. 1057) ; celle de la vengeance : « Punissez tant d'orgueil par de justes dédains » (v. 1071) ; et, pour finir, l'oubli : « Aimez, (...) sans vous mettre en peine » (v. 1077). Elle laisse entendre qu'elle donnerait volontiers la réplique dans n'importe lequel de ces canevas. Puis, ayant exécuté cette scène délicate avec sang-froid et doigté, elle estime d'un œil critique son travail et s'arrête à temps : « Adieu : c'en est assez pour la première fois » (v. 1087).

En sens inverse, Léon et Aspar doivent se contenter d'un rôle inférieur par rapport à leurs aspirations initiales, leurs qualifications n'étant pas à la hauteur de leurs ambitions. Le premier, constate-t-on dès le début, n'a pas encore achevé son apprentissage, celui qu'il devait remplacer étant mort trop tôt. Mais c'est plus que l'expérience qui lui fait défaut. Est-il vraiment doué pour l'art dramatique? Il ne semble ni vouloir ni pouvoir s'instruire. Il s'obstine à agir naturellement et à n'exprimer que ses vrais sentiments. Encore si l'on recherchait un jeune amoureux fougueux, désintéressé, prêt à fondre en larmes, lançant des reproches et menaçant de se tuer, il pourrait en remplir la fonction. Mais le spectacle que l'on prépare exige un empereur ou un époux d'impératrice et Léon s'offre en berger sorti de *L'Astrée*. Exaspérée par ses plaintes, Pulchérie finit par lui déclarer :

(...) pour garder un rang si cher à nos désirs,
Il faut un art plus grand que celui des soupirs.
(III.3, vs. 983-84)

Il est donc réduit au rang d'héritier, où il devra faire ses preuves avant de monter plus haut :

C'est pour vous qu'entre ses mains [de Martian] je dépose l'Empire,
C'est pour vous le garder qu'il me plait de l'élire.
Rendez-vous, comme lui, digne de ce dépôt,
(V.6, vs. 1677-79)

Pulchérie, maintenant chef de troupe, lui fait également savoir qu'il doit accepter son rôle sans nul délai, les concurrents étant nombreux :

Tous vos rivaux pour moi le vont être pour elle [Justine],
Et l'Empire pour dot est un trait si charmant
Que je ne vous en puis répondre qu'un moment.
(V.6, vs. 1698-1700)

Elle lui donne ainsi une deuxième chance de parfaire son apprentissage :

Suivez-le pas à pas, et marchant dans sa route,
Mettez ce premier rang après lui hors de doute.
Etudiez sous lui ce grand art de régner,
(V.6, vs. 1681-83)

L'histoire nous apprend que Léon, surnommé *le Grand,* a su tirer profit de l'occasion.

A l'autre bout du spectre, Aspar ne donne guère plus de satisfaction en tant qu'acteur. Maladroit à force d'affectation, il porte le masque trop évident de l'arriviste et ne parvient pas à créer l'illusion de la réalité. Ni ses sentiments amoureux, ni son dévouement patriotique ne sont convaincants. Corneille fait de lui la caricature du politicien calculateur, de l'obsédé ridicule de la comédie, semblable au détective moderne qui rôde sur scène muni d'une loupe et de lunettes de soleil. Il ne peut prétendre lui non plus au rôle d'empereur, et d'un commun accord tous les autres personnages en font la cible de leur sarcasme.

Etant donné les circonstances, il apparaît évident que Pulchérie a fait le meilleur choix possible en s'associant Martian. Que sa décision soit approuvée par le sénat est d'une importance capitale. Elément passif et en apparence complaisant, celui-ci représente le public, dont le verdict est si redoutable que Pulchérie ne cesse de se référer à ce grand absent tout au long de ses délibérations. Elle essaie de deviner ses vœux inexprimés et lui envoie des émissaires pour le sonder. Sans son assentiment la pièce ne pourrait guère tenir l'affiche. Aspar, aveugle sur lui-même mais clair-voyant sur les autres, prédit un échec certain si Léon est désigné :

(...) le sénat, quoi qu'on pense,
N'aura que du respect et de la déférence,
Et de l'air dont la chose a déjà pris son cours,
Léon pourra se voir empereur pour trois jours.
(IV.4, vs. 1361-64)

Pulchérie réussit à satisfaire ce participant invisible de l'action dramatique, qui se manifeste par des signes d'impatience et des applaudissements :

D'une commune voix,
Madame, le sénat accepte votre choix.
(V.7, vs. 1739-40)

Tous les détails étant ainsi judicieusement réglés, Pulchérie a recours à des termes de représentation théâtrale pour annoncer le lever du rideau. Elle précise bien qu'il n'est question que de faire semblant. Elle veut un mari qui « paraisse [son] époux, et n'en ait que le nom » (V.3, v. 1552), et proclame officiellement :

Prêtez-moi votre main, je vous donne l'Empire :
Eblouissons le peuple, et vivons entre nous
Comme s'il n'était point d'épouse ni d'époux.
(V.3, vs. 1554-56)

Le spectacle débute sur un tableau qui aurait fait la joie de Diderot : le portrait imposant d'une famille régnante sereine, comprenant la souveraine et son époux, l'héritier et son épouse, assez jeunes pour avoir des descendants – obsession constante de toute monarchie – et une branche collatérale en cas d'accident imprévu, la sœur et le beau-frère de l'héritier. Le sénat, comblé, « soupire après le jour de la cérémonie » (V.7, v. 1743).

La distribution des rôles en vue du spectacle à venir accorde dans *Pulchérie* la prépondérance au thème politique. L'amour doit se contenter d'un rang secondaire. Aucun des trois mariages ne se noue sur la base d'un amour réciproque. Léon, porte-étendard de l'amour pur, détonne constamment et frise le ridicule. Giraudoux, à qui il arrive aussi de méditer, en plein milieu d'une action dramatique, sur le mécanisme du théâtre, a obtenu un même effet de dépaysement en introduisant deux personnages de l'opéra *Salammbo* dans le drame suscité entre Hans et Bertha par l'Illusionniste d'*Ondine*. Son but est de souligner la spécificité de chaque salle de spectacle. Celui de Corneille est de mettre l'accent sur le thème politique. Mais cette préférence n'indique pas nécessairement que Corneille vieillissant ne croit plus à la valeur de l'amour. Deux ans plus tard, *Suréna* sera entièrement axé sur ce sentiment. Chacune de ses pièces constitue un monde en soi, indépendant du reste de l'œuvre, et doit être jugée sur ce qu'elle contient.

On aurait également tort d'interpréter l'assimilation de l'art de régner à l'art de jouer comme une satire du premier. Le parallèle que l'auteur établit entre le choix politique et les préparatifs d'un spectacle, loin d'être péjoratif, reflète un des principes fondamentaux de sa dramaturgie: l'illusion théâtrale a une force telle qu'elle absorbe la réalité et devient réalité elle-même. « La face héroïque », « l'illustre couleur », « les beaux dehors » sous lesquels Irène envisage de cacher son dépit (IV.1) se transforment facilement en vérité, pourvu que l'acteur s'empare avec conviction de son rôle. Dans le même sens, les rêves amoureux du père et de la fille, une fois exprimés en paroles, prennent substance et s'incorporent au dénouement de la pièce. Martian marque le début de cette métamorphose :

> J'ai caché si longtemps l'ennui qui me dévore,
> Qu'en dépit que j'en aye enfin il s'évapore :
> L'aigreur en diminue à te le raconter.
> Fais-en autant du tien, c'est mon tour d'écouter.
> (II.1, vs. 489-92)

L'acteur qui récite, le spectateur qui écoute, participent à l'œuvre créatrice du théâtre, qui transforme l'imaginaire en réel et opère le transfert de la personne au personnage, de la vie au rôle, du nom au titre. Pulchérie, devenue impératrice, se découvre autre et voit s'éloigner sans trop de regrets son ancien moi amoureux :

> Je ne sais si le rang m'aurait fait changer d'âme,
> Mais je tremble à penser que je serais sa femme,
> (V.1, vs. 1441-42)

Elle annonce la naissance de sa nouvelle personnalité en une formule rendue frappante par la répétition emphatique du verbe : « Je suis impératrice, et j'étais Pulchérie » (III.1, v. 794).

A partir de ce moment et jusqu'à la proclamation officielle de la distribution définitive (V.6), quelques hésitations et un mouvement de jalousie (IV.2) ne font que marquer les étapes de la transition. Plus elle prend conscience des possibilités offertes par le jeu, plus elle y trouve du plaisir, à un tel point qu'elle se prend à souhaiter de pouvoir brouiller les limites entre le réel et le fictif par des incursions réciproques d'un monde dans l'autre. Elle envie Sémiramis qui,

> (...) usurpa le nom et l'habit de son fils,
> Et sous l'obscurité d'une longue tutelle,
> Cet habit et ce nom régnaient tous deux plus qu'elle.
> (...)
> Le triomphe n'en fait qu'affermir la mémoire,
> Et le déguisement n'en détruit point la gloire.
> (V.1, vs. 1452-54 et 1457-58)

Plus d'un personnage de Corneille se révèle autre à la fin d'une action dramatique qui a mis en scène le subtil glissement du jeu à la réalité. Pour ne citer qu'un seul exemple, Pauline, dans *Polyeucte,* joue d'abord le rôle de la femme fidèle malgré un tendre attachement antérieur, s'exprimant en périodes bien équilibrées et par de pompeuses déclamations. Mais elle finit par s'identifier à cet emploi, pour devenir l'épouse uniquement attachée à son mari en danger. Elle devient effectivement le personnage qu'elle avait représenté. Désormais la présence de Sévère lui pèse et il ne lui faut faire aucun effort pour le fuir. L'amour autant que la politique s'inclinent devant la puissance du jeu théâtral.

Tout au long de sa carrière Corneille n'a cessé de méditer sur la nature de la poésie représentative. Comme Alcandre dans son antre sombre il projette sur scène les actes et les gestes de ses personnages tout en démontant et commentant le mécanisme de l'art qu'il exerce. Il se livre à des expériences multiples et toujours diverses. L'Orient mystérieux de Pulchérie, cet empire complexe et énigmatique, lui donne l'occasion d'entrer dans les coulisses du théâtre et de faire revivre les nombreuses péripéties qui précèdent le lever du rideau. Il a choisi le moment privilégié où les acteurs sont encore eux-mêmes mais où ils s'apprêtent à endosser leur costume et à assumer leur nouveau visage. Le dynamisme et la tension de l'instant sont résumés dans la déclaration d'Irène :

> (...) j'ai cru me mettre en assurance
> Par l'éclat généreux d'une fausse apparence :
> (IV.2, vs. 1261-62)

dont chaque mot suscite la vision d'un rôle à conquérir et à transformer courageusement en réalité.

NOTES

Les citations du théâtre de P. Corneille renvoient aux *Œuvres complètes,* éd. André Stegmann, Paris, Editions du Seuil, 1963.

1. Georges Couton, *La Vieillesse de Corneille,* Paris, Maloine, 1949, p. 201. Robert J. Nelson, *Corneille, his Heroes and their Worlds,* Philadelphia, University of Pennsylvania Press, 1963, pp. 244-45. André Stegmann, *L'Héroïsme cornélien,* Paris, A. Colin, 1968, t. II, pp. 376-78. Marie-Odile Sweetser, *La Dramaturgie de Corneille,* Genève, Droz, 1977, pp. 235-36.

2. A. Stegmann (*op. cit.,* t. II, pp. 554-60) reconnaît l'importance grandissante de l'ambition dans le comportement de Pulchérie. Cf. aussi G. Couton (*op. cit.,* pp. 204-205).

3. G. Couton, *op. cit.,* p. 202. Bernard Dort, *Corneille,* Paris, L'Arche, 1957, pp. 122-24. Serge Doubrovsky (*Corneille et la dialectique du héros,* Paris, Gallimard, 1963) met l'accent sur la revanche de la femme et sa psychologie défensive (p. 421).

4. A. Stegmann, *op. cit.,* t. II, pp. 495 et 560.

5. P. J. Yarrow, *Corneille,* London, Macmillan, 1963, p. 214. L'auteur remarque avec justesse qu'un même mot, *gloire* en l'occurence, recouvre une grande variété de motifs, et met en garde contre une lecture superficielle.

6. G. Couton, *op. cit.,* p. 206. M.-O. Sweetser, *op. cit.,* p. 234.

HENRI MYDLARSKI
University of Calgary

Pierre Corneille chez les moralistes des Lumières

Qui dit « moralistes », dit, selon une tradition des lettres françaises vieille de deux cents ans au plus[1], un genre particulier et qui a été illustré par des auteurs tels que Pascal, La Rochefoucauld, La Bruyère pour le XVIIe siècle, et Duclos, Vauvenargues, Sénac de Meilhan, Chamfort, Rivarol, etc. pour le XVIIIe. C'est dire que la notion de *moraliste* est prise ici au sens étroit du terme et dans le respect d'une appellation qui, pour « tardive » qu'elle apparaisse dans l'histoire littéraire de la France, n'en renvoie pas moins, pour ses débuts, aux grands moments de l'âge classique. C'est dire aussi, indirectement, qu'est restitué dans cette étude le patrimoine sémantique d'un mot trop souvent galvaudé, « frappé d'inflation », suivant l'expression de Louis van Delft[2]. Ces restrictions apportées, ou plutôt rappelée cette pratique née après les Lumières pour sanctionner, avec un vocable faisant sa première apparition dans un dictionnaire en 1690[3], la légitimité d'un genre en quelque sorte surnuméraire[4], une question se pose, d'un intérêt pour le moins humaniste : en quoi la conception de l'art dramatique chez les moralistes au XVIIIe siècle, si tant est qu'une conception collective eût cours chez eux, peut-elle se rencontrer avec le théâtre de Corneille? ou, plus simplement, quel jugement les moralistes des Lumières ont-ils, dans l'ensemble, porté sur l'auteur du *Cid?* Question bien naturelle sans doute, d'autant que deux d'entre eux, et les plus grands à vrai dire, Vauvenargues et Chamfort, soit firent leur entrée dans la République des Lettres avec un parallèle entre Corneille et Racine, soit ambitionnèrent de devenir « le Molière ou le Racine de [leur] siècle[5] ».

A l'issue d'une vaste enquête sur la réception de Corneille et de Racine dans la France de Voltaire, Emilie Kostoroski conclut partiellement :

> Critics thought of themselves as men of good taste. But a man of good taste (...) may not be the best judge of a man of genius. The objectivity on which he prides himself can easily become an obstacle to his appreciation of a truly great work. The attitudes of eighteenth-century critics towards Corneille and Racine prove this to be true. Even though the two great men composed their

> masterpieces according to the very norms by which they were judged, they far surpassed them. The « je ne sais quoi », the something beyond the rules in their great plays was sensed but undiscovered (in the sense of being accurately identified and rightly appreciated) by critics of the eighteenth-century. Certainly the method of evaluation most frequently employed, that of comparison and contrast, was not, in their hands, a reliable tool[6].

Puis Kostoroski met fin à son enquête en notant que de tous les critiques du XVIIIe siècle Rivarol est peut-être celui qui s'est approché le plus près de la vérité lorsqu'il a refusé ce « tool » et qu'il a soufflé à un importun qui venait de lui lire un interminable et ennuyeux parallèle entre Corneille et Racine : « votre parallèle est fort bien, mais il est un peu long, et je le réduirais à ceci : l'un s'appelait Pierre Corneille et l'autre s'appelait Jean Racine[7] ».

L'intelligence critique du jugement de Rivarol sur Corneille ne s'offre pas à nous avec la même évidence qu'à Kostoroski. Qui ne saurait faire ici la part de la raillerie, écrasante de nature et caractéristique du *Petit Almanach de nos Grands Hommes?* Que Rivarol ne songe qu'à démasquer les « imbéciles[8] », il n'y a point de doute. Mais il n'y a pas de doute non plus que sa réputation d'homme d'esprit lui fait souvent dire plus qu'il ne veut dire, ou, mieux, qu'il ne faut entendre. Et si, assurément, il n'est pas question pour nous de vendre sa pensée à bon compte, de même il ne peut s'agir de pratiquer ce que Renan appelle avec un humour de sa façon : « l'art de solliciter les textes ». Par ailleurs, en ce qui concerne les critiques des Lumières, il leur aurait suffi, si l'on ne veut pas perdre de vue le sens des mots, d'avoir été sensibles au « je ne sais quoi » de Corneille et de Racine pour que leur jugement fût de nécessité parfaitement méritoire. Car ce « je ne sais quoi » ne peut, par définition, être correctement identifié ni apprécié à sa réelle valeur sans se transformer du même coup en un « je sais quoi », sans déchiffrer l'impossible énigme dont sont habités les chefs-d'œuvre. Kostoroski, dont l'étude contient au demeurant une mine de renseignements et d'aperçus mieux avisés, voit plus juste lorsqu'elle constate que le XVIIIe siècle critique tend à « couper les cheveux en quatre », qu'il s'arrête d'abord à des vérités de détail, souvent aussi mesquines que parcellaires, pour se faire fort ensuite de décrier, au nom du goût, l'œuvre de Corneille. C'est ce qu'elle appelle « the picayune nature of so much eighteenth-century criticism[9] ». Certes, Rivarol met ses contemporains en garde contre une telle tendance. « [C'est] une bien fausse définition du goût, écrit-il dans *De l'homme intellectuel et moral,* que celle du philosophe qui prétendit qu'il n'était que *le jugement armé d'un microscope.* Ce résultat (...) est doublement faux, puisqu'il suppose que nos jugements ne roulent que sur des masses ou des objets vastes, et que le goût ne s'exerce que sur des détails ou de petits ouvrages » (Riv. I, p. 131, souligné dans le texte). Davantage, après avoir ajouté qu' « une fête, un spectacle, un festin ne sont pas des objets microscopiques », il déclare qu'il n'y a rien qui ne se perde dans le détail et, avec humour, que ceux qui regardent les choses de trop près « se brisent le rayon visuel ; ce qui signifie en termes plus techniques, *se contracter le cristallin* » (Riv. I, p. 131-32, souligné dans le texte). Mais, « faites ce que je vous dis, ne faites pas ce que je fais », Rivarol, semblable aux personnes qui se plaisent à enchérir sur les bons préceptes pour mieux les ignorer, procède, par tempérament, à une dissection en règle des textes. Puis, sommairement, il juge et exécute Corneille, coupable de s'être « trop livré à cette manière expéditive qui a aussi perdu Voltaire » (Riv. V, p. 157). Il ne lui pardonne pas même la scène de *Polyeucte,* « si funeste à toutes les religions », où Stratonice rapporte à Pauline le renversement des idoles par son époux et Néarque (Riv. I, p. 338). Car qui saura dès lors tenir en bride un peuple barbare et cruel qui, s'attendant à l'imminente vengeance de Dieu, ne verrait rien arriver, aucun miracle se produire?

A vrai dire, les réflexions critiques auxquelles Rivarol se livre sur Corneille (et sur les autres) plongent leurs racines dans un rêve politique. Auteur couronné du *Discours de l'Universalité de la Langue Française,* il ne juge, pratiquement, de la valeur d'un autre auteur que d'après le style et la correction de la langue, qualités maîtresses qui peuvent seules assurer à ses yeux la suprématie du français dans le monde. La volonté d'hégémonie culturelle et, à la limite, sociale et économique qui peut en découler, sous-tend quasi toute sa critique littéraire. Ce qui l'amène à louer Corneille dans la faible mesure où il a contribué à faire du français la parole de l'Europe (Riv. II, p. 64). Mais ce qui l'amène aussi à l'écraser sous le poids de Racine dont l'impeccable facture du vers et les résonnances grandioses du verbe suffisent, pour lui, à consacrer la supériorité et la gloire de son pays. Que Corneille n'eût aucun rival jusqu'à « l'apparition de Racine » (Riv. II, p. 38), ne peut lui faire oublier que *seul,* chez les Français, ce dernier a su « donner au langage humain les plus belles formes connues » (Riv. II, p. 359 ; III, p. 165). Les visions tragiques de l'homme, les problèmes moraux et métaphysiques qui le hantent et qu'il se doit de résoudre du mieux qu'il peut, le sens de sa destinée, bref, les grandes questions qu'inéluctablement soulèvent les chefs-d'œuvre de l'un et de l'autre, Rivarol les écarte de sa critique pour s'en tenir à une simple appréciation de la langue. Et parce qu'il ne s'intéresse guère qu'à « l'élévation du style » (Riv. II, p. 359), il met constamment Racine sur un pied d'égalité avec Virgile, montrant par là combien l'auteur du *Cid* compte peu dans son cœur. Mieux encore, lui reproche-t-on d'en prendre à son aise avec les genres, il répond : « personne n'ignore que les poètes épiques et tragiques se servent des mêmes couleurs, des mêmes figures, du même style, et qu'il n'y a entre eux, en général, de différence que de la narration au dialogue » (Riv. II, p. 358). Réponse qui explique pourquoi il range ailleurs les « grands » écrivains en deux classes : les premiers, tels Racine et Boileau, qui, redevables de tout à la perfection de leur langue, deviennent à jamais les écrivains de l'humanité ; les seconds, tels Molière et La Fontaine, qui, puisant sans retenue dans les formes populaires et changeantes du langage, demeureront à jamais, malgré leur originalité, les écrivains toujours plus incompris de leur nation (Riv. II, p. 62-63).

Est-il besoin de préciser où il sied de ranger Corneille, encore que Rivarol semble vouloir, un court instant, faire figurer *Cinna* au palmarès des auteurs de génie?

Pour curieuse qu'elle puisse paraître, une telle classification n'est pas entièrement sans rapport avec le jugement des autres moralistes[10] sur le théâtre. Vauvenargues, par exemple, est persuadé que « le vrai génie ne se caractérise, en quelque sorte, que par l'expression qui, seule à peu près, établit les différences entre les écrivains[11] ». Chamfort, pour sa part, ne cesse de s'émerveiller devant les « véritables conquêtes[12] » du langage et devant ce « dieu de l'harmonie » qu'est notamment Racine (Cham. V, p. 9). Il suffit même de lire ses notes sur *Esther* pour voir combien il est fasciné par sa langue ; si bien qu'on a la nette impression, tellement il la dissèque, qu'il cherche à lui dérober son mystère plus pour sa gouverne que pour le plaisir du lecteur. Mais à la différence de Rivarol qui va jusqu'à poser comme critère de la perfection et de la beauté la facilité avec laquelle une langue se prête à la traduction et à la neutralité[13], Vauvenargues et Chamfort considèrent que le style d'un écrivain ne saurait jamais être, au fond, que le reflet d'un don unique. Pour eux une œuvre d'art a un auteur, et c'est précisément parce qu'elle a un auteur, c'est-à-dire un « moi » marqué au sceau de l'humain le plus radical, qu'elle n'a ni ne devrait rien avoir d'anonyme. Si l'originalité « blesse » Rivarol parce qu'elle ne peut se recevoir des mains d' « un langage parfait dans ses formes, sans mélange, toujours idéal, toujours étranger au peuple » (Riv. II, p. 62), elle fait, en revanche, l'admiration des deux autres moralistes pour qui la spécificité intérieure, même portée à l'outrance, y a des résonnances plus profondes. A preuve La Fontaine. Vauvenargues et Chamfort sont véritablement les premiers (avec d'Alembert) à reconnaître ce que ses *Fables* ont, non pas d'instructif – le point avait déjà été examiné par La Bruyère et Fénelon – mais de proprement poétique[14]. A preuve encore Corneille. Car même si Vauvenargues – surtout lui – se convainc que ce dernier se ressent outrageusement du goût barbare de son temps, il n'en demeure pas moins frappé par les « traits si naturels et si énergiques » dont il peint quelquefois l'héroïsme (Vau. I, p. 247). Même, il renchérit sur son éloge, encore qu'avec des nuances, quelques pages plus loin :

> Moins intelligent que Racine, il concevait peut-être moins profondément, mais plus fortement ses sujets ; il n'était ni si grand poète, ni si éloquent ; mais il s'exprimait quelquefois avec une grande énergie ; personne n'a des traits plus élevés et plus hardis, personne n'a laissé l'idée d'un dialogue si serré et si véhément. (Vau. I, p. 252)

A l'instar de Vauvenargues, Chamfort est sensible à cette énergie du verbe, à ce que lui-même nomme *vivacité* : « Une des plus grandes perfections du dialogue, c'est la vivacité, écrit-il, et comme dans la tragédie, tout doit être action, la vivacité y est d'autant plus nécessaire (...) ; c'est surtout dans cette partie que Corneille est supérieur (Cham. IV, p. 98). Et

Chamfort de citer en exemples la scène où Rodrigue vient demander la mort à Chimène (*Le Cid,* III, 4) et cette autre où, venant de résoudre Cinna à faire périr Auguste, Emilie se trouble et craint un instant de perdre son amant qui a juré de se tuer après la mort de l'empereur (*Cinna,* III, 5). Il se prend même à déplorer que Racine n'ait pas cru bon d'imiter quelquefois « le dialogue vif et coupé de Corneille » (Cham. IV, p. 102). Ce faisant, Vauvenargues et Chamfort rappellent qu'il convient aussi de critiquer une pièce de théâtre d'après ce qu'elle donne à la représentation. Alors que Rivarol ne s'intéresse qu'à l'effet qu'elle produit à la lecture, eux s'accordent pour reconnaître qu'elle doit offrir une dynamique d'un autre ordre et que Corneille, qu'on le veuille ou non, passe parfois mieux la rampe que Racine. Car qui dit tragédie, dit illusion de vie, communauté des cœurs dans un éclatement cosmique, union des intelligences dans une universelle insolence, rite par lequel l'homme se découvre égaré dans un impossible rêve, bref, qui dit tragédie, dit les antiques terreur et pitié. Et pour Vauvenargues et Chamfort, le doute n'est plus permis : Corneille est un auteur tragique.

Pour Vauvenargues, il est même trop tragique, voire insupportable. A l'en croire, Corneille se plaît dans ce qu'il y a de plus odieux, dans ce qui ne saurait être maintenu à hauteur d'homme sans déroger à la plus élémentaire décence. Il atteste que la cruauté, pis, la bestialité est présente en nous et qu'elle a été de toujours reçue en partage par le monde. Et ne rappelle-t-il pas indirectement que le XVIIIe siècle, que l'on dit philosophe et éclairé, n'est pas loin de ces temps grossiers et aveugles qui l'ont produit ; qu'à la limite lui-même ne s'en distinguera guère s'il cesse de croire possible le perfectionnement moral? Bref, Corneille lève le voile sur une réalité qu'il faut dissimuler et qu'il importe de juger, pour la gloire de l'homme, vide de sens et gratuite sur terre comme aux enfers. Qui osera, en effet, s'exclame Vauvenargues, souffrir la « férocité » d'Horace à l'endroit de Curiace, qui est « un ami et un rival modeste » (Vau. I, p. 246). La « fierté » (*ibid.*) a beau être une passion théâtrale, elle a beau impressionner son public, saura-t-elle s'octroyer droit de cité quand rien de désobligeant n'aura pu la susciter ni y ajouter créance? Le comportement de l'homme est-il à ce point insensé qu'il lui faille se réclamer d'un erratisme du mal? même pour les besoins de la scène? même pour découvrir la violence dont certains se reçoivent encore aujourd'hui?

A vrai dire, Vauvenargues est peut-être le premier, dans l'histoire de la critique, à avoir vu ce qu'une pièce comme *Horace* peut renfermer, non seulement de brutalisant, mais de véritablement « nazi », ainsi qu'on l'écrira deux cents ans plus tard[15]. Il estime que Corneille donne la mesure de ces temps « sauvages », pour reprendre le mot de Voltaire, qui ont précédé le règne de Louis XIV et dans lesquels Montaigne avait prouvé qu'il n'était pas entièrement impossible d'être humain dans un âge qui ne l'était pas. Vauvenargues, en nouveau Moïse qui descendrait du Sinaï ou, selon son expression, « en grande âme », ne s'emploie à rien moins qu'à rééduquer les hommes et, dans ce but, à extirper le mal de leur cœur pour mieux le détruire dans leur vie. Il confie même à son cousin Mirabeau – le père de l'orateur – alors qu'il n'a pas encore 25 ans :

> Il me semble que la dureté et la sévérité ne sauraient convenir aux hommes, en quelque état qu'ils se trouvent : c'est un orgueil misérable que de se croire sans vices, et c'est un défaut odieux que d'être vicieux et sévère, en même temps ; nul esprit n'est si corrompu, que je ne le préfère, avec beaucoup de joie, au mérite dur et rigide. (Vau. II, p. 185)

Des années plus tard, et pour se faire entendre de son siècle, il annonce que les temps sont révolus où l'on s'imaginait l'homme bâti d'une seule pièce, et que le mal vient de ce qu'il se prend pour tout ou rien, saint ou démon, pureté ou ordure. Car le mal ne loge jamais que dans une vision réductrice et élémentaire de l'être. Il ne s'inscrit jamais que dans les limites d'une croyance qui borne la nature humaine à un biologisme singulier :

> Il y a peut-être autant de vérités, parmi les hommes que d'erreurs, autant de bonnes qualités que de mauvaises, autant de plaisirs que de peines. Mais nous aimons à contrôler la nature humaine, pour essayer de nous élever au-dessus de notre espèce, et pour nous enrichir de la considération dont nous tâchons de la dépouiller. (Vau. I, p. 399)

Et Vauvenargues ajoute pour ceux qui ne voient que déchéance dans ce bas monde :

> L'homme est maintenant en disgrâce chez tous ceux qui pensent, et c'est à qui le chargera le plus de vices ; mais peut-être est-il sur le point de se relever, et de se faire restituer toutes ses vertus. (Vau. I, p. 400)

Corneille, assurément, ne peint pas des êtres déchus ni damnés, mais il étale à plaisir l'envers d'un même dogmatisme. Si bien que Vauvenargues se voit amené à avancer que ses personnages sont tout uniment invraisemblables.

Le moraliste pose en effet au sein de l'homme le principe d'un manque, d'une déchirure interne par laquelle s'explique son existence. Ignorer cette déchirure et, par delà, la souffrance qui l'habite au plus profond de ce qu'il est, c'est ignorer qu'il naît à la terre par la grâce d'une imperfection ; c'est oublier qu'il n'est de réalité que brisée, et que la nature ne s'ordonne et n'a de sens que par la douleur et la joie, la haine et l'amour. Tout ensemble pour faire de cet homme un être pluriel. Il ne vient pas à l'esprit de Vauvenargues, et c'est peut-être, par contrecoup, ce qui l'a rendu si injuste à l'égard de Corneille, que celui-ci ait pu simplement chercher à montrer, avec rigueur, l'opprobre où finit par s'abîmer le héros qui, répondant aux appels de sa « gloire » par une implacable exactitude, se raie du nombre des hommes ; qu'il ait pu s'attacher à représenter avec quelle aisance on peut, de l'apothéose de la grandeur morale, sombrer dans l'horrible ; ou même, sur le plan d'une problématique des forts, qu'il ait pu se demander si, à la limite, les héros ne sont pas de nécessité, comme le prononce le roi Tulle, « au-dessus de [leur] crime » (*Horace,* V.3, v. 1760)[16].

Et c'est bien ce qu'avait compris Chamfort, du moins à sa manière. Tandis que Vauvenargues est persuadé qu'il n'est pas de discipline, si héroïque soit-elle, qui autorise à s'abrutir, et qu' « on ne peut être juste si on n'est humain » (Vau. I, p. 376), lui prétend que le tragique ressort souvent de la démesure et presque toujours de l'énormité. Par surcroît, il rappelle que « le Grand Corneille » avait avancé un principe identique : « une invention purement raisonnable (...) peut être très mauvaise, une invention théâtrale que la raison condamne dans l'examen, peut faire un très-grand effet » (Cham. IV, p. 57)[17]. Ailleurs enfin, et comme pour répondre à un autre moraliste, en l'occurrence François Vincent Toussaint qui avait affirmé qu' « on n'a guère une ambition démesurée, sans y joindre une extrême bassesse[18] », Chamfort écrit :

> Les vices ont aussi leur perfection. Un demi-tyran serait indigne d'être regardé ; mais l'ambition, la cruauté, la perfidie, poussées à leur plus haut point, deviennent de plus grands objets. La tragédie demande encore qu'on les rende, autant qu'il est possible, de beaux objets : il faut donner au crime un air de noblesse et d'élévation. L'ambition est noble, quand elle ne propose que les trônes ; la cruauté l'est en quelque sorte, quand elle est soutenue d'une grande fermeté d'âme ; la perfidie même l'est aussi, quand elle est soutenue d'une extrême habileté. Le théâtre n'est pas ennemi de ce qui est vicieux, mais de ce qui est bas et petit. Néron qui se cache derrière une tapisserie pour épier deux amants, Mithridate qui a recours à une petite ruse comique pour surprendre le secret de Monime, sont des personnages indignes de la scène tragique. (Cham. IV, p. 161)

Jamais peut-être Chamfort n'a été plus proche de la conception cornélienne du poème dramatique. Qu'il critique Racine d'avoir misérablement péché contre les lois du théâtre dans deux de ses plus importantes créations, ajoute au sérieux de sa pensée. Qu'il conclue par ailleurs que les personnages cornéliens les plus odieux ne le sont qu' « en partie » parce que, tels Médée et Cléôpatre, ils rachètent leurs crimes « par une grande intrépidité d'âme » (Cham. IV, p. 163), semble, en fin de compte, décider une fois pour toutes de sa rhétorique de la tragédie.

Pourtant, rien jamais ne se fixe « à demeure » chez Chamfort. L'homme est divers, ondoyant. Le théoricien de l'art est sans cesse aux prises avec, d'un côté, le pur esthète qui déclare que « rien n'a jamais fait effet sur [lui] comme vrai, mais comme bien trouvé[19] », et avec, de l'autre côté, le philosophe des Lumières qui résume sa doctrine par un : « Jouis et fais jouir, sans faire de mal ni à toi, ni à personne : voilà (...) toute la morale » (Cham. I, p. 406). Dans le moment même où il s'enivre aux nourritures terrestres, il aspire aux plus hautes formes de l'art, de cet art qu'il s'appliquera sa vie durant à déchiffrer, en quelque sorte à décoder, pour mieux s'en rendre maître. Dans sa *Notice sur Chamfort,* Augis écrit avec une pointe d'ironie que plusieurs scènes de *Mustapha et Zéangir* prouvent avec quelle attention il avait étudié « la manière de Racine, et jusqu'où il en aurait peut-être porté l'imitation, s'il n'eût été sans cesse distrait par ses maux et par des travaux étrangers à ses goûts » (Cham. I, V). Assurément, bien des réflexions critiques laissent paraître une profonde admiration pour l'auteur de *Phèdre*. Mais qui n'entend qu'une cloche, n'entend qu'un son. Nombre de commentaires sur Corneille n'en portent pas moins témoignage en faveur de l'auteur du *Cid*. Quant à parler d'évolution, si évolution il y a, dans la pensée de Chamfort, ce serait difficile, presqu'une gageure. *Mustapha et Zéangir* même représente un travail de plusieurs années, abandonné et repris vingt fois, et qui montre, *mutatis mutandis,* que l'artiste aura vécu ses incertitudes jusqu'au bout. Comme le note Teppe, « il ne cessa (...) d'étudier les questions de théâtre avec le zèle d'un abbé d'Aubignac[20] ». D'où des jugements contradictoires. Par exemple dans ce qu'il dit de la peinture de l'amour chez Corneille. Ayant remarqué dans un premier temps que « la plus grande utilité du théâtre est de rendre la vertu aimable aux hommes » et qu' « il faut des caractères vertueux (...) à la manière élevée et fière de Corneille [parce qu'] ils affermissent le cœur et donnent des leçons de courage », il conclut, pour l'amour, que « puisque c'est un mal nécessaire, il serait à souhaiter que [ses] pièces ne l'inspirassent aux spectateurs que tel qu'elles le représentent » (Cham. IV, p. 19)[21]. Dans un deuxième temps, il n'hésite pas à avancer que l'auteur de *Polyeucte* ne comprend rien à la chose, voire qu'il y est parfaitement insensible ; à quoi il ajoute qu'il ne saurait en aucune manière révéler « son secret », puisqu'aussi bien il met dans la bouche de ses amantes « ces maximes d'amour, si froides et si éloignées de l'amour » (Cham. V, p. 55). Réflexion d'autant plus surprenante que Chamfort, d'une part, définit l'amour comme « l'échange de deux fantaisies et le contact de deux épidermes » (Cham. I, p. 413) sans passer outre et, de l'autre, prétend que, dans ce qu'on en dit, « tout est vrai, tout est faux », et que « c'est la seule chose sur laquelle on ne puisse pas dire une absurdité » (Cham. I, p. 421).

Qu'il s'agisse là de la réflexion désabusée d'un homme qui a trop bien connu la société de son temps, soit ! qui ne sait que derrière le cynisme et le persiflage souvent se cache un rêve d'idéal ? Cependant, les contradictions de Chamfort, ou mieux peut-être, les palinodies qui jalonnent, sans l'orienter pour autant, sa recherche d'une poétique du théâtre, trahissent moins les désillusions que les écarts troublants d'une pensée qui ne se recoupent pas. Ainsi cet autre revirement dans une section de chapitre consacrée à l'étude des caractères et comptant à peine une quinzaine de pages : Chamfort écrit qu'à Corneille revient l'insigne mérite d'avoir vu le premier que chaque mot échappé à un personnage devait le peindre tout entier, « d'une manière neuve et frappante, (...) et de le porter au point par-delà lequel il cesserait d'être dans la *nature* » (Cham. IV, p. 150, c'est nous qui soulignons) ; que, s'il a quelquefois manqué à ses propres leçons avec Cinna et Horace, il les a retrouvées en revanche avec Rodrigue, Chimène, Pauline, Cléopâtre et Nicomède. Mais neuf pages plus loin, non d'ailleurs sans quelque brusquerie, le critique procède à une véritable mise en accusation des personnages tant vantés :

> L'art, écrit Chamfort, consiste à déployer le caractère d'un personnage et tous ses sentiments, par la manière dont on le fait parler, et non par la manière dont ce personnage parle de lui. A-t-il l'âme noble et fière? que tout ce qu'il dit porte l'empreinte de cette noblesse et de cette fierté ; mais qu'il se garde bien de se vanter de sa hauteur ; c'est le défaut de Corneille ; il fait toujours dire à ses héros qu'ils sont grands : ce serait les avilir, s'ils pouvaient l'être.
>
> (Cham. IV, p. 159)

Il n'est pas, ici, pour le moraliste, de magnanimité qui puisse se dire naturellement magnanime. Qu'il en soit autrement, et les valeurs morales perdent tout leur sens à ses yeux.

Ces volte-face déroutantes, ces déconvenues, au vrai, d'une raison qui a peine à se cristalliser, Chamfort est loin d'en avoir été la dupe naïve. Quand il note dans une de ses maximes que l'homme peut aspirer à la vertu mais qu'il ne peut raisonnablement connaître la vérité (Cham. I, p. 410), il constate, avec humilité, l'échec de sa pensée critique. Et rien ne le trouble davantage que de découvrir que l'art, cette marque d'excellence à laquelle se reconnaissent les « civilisations perfectionnées », est susceptible de se recevoir des mains du Diable ou qu'il est, à la plus généreuse mesure, a-moral.

Chamfort est, à sa façon, une manière d'André Malraux du XVIIIe siècle. Être tourmenté ne trouvant, paradoxalement, de repos qu'il n'ait remis sa propre pensée en question, il finira par jouer, mise ultime, sa vie dans un dernier renversement du pour au contre. Sa dialectique, d'autant plus tragique qu'elle se désolidarise de l'avenir par la mort du devenir (la mort de l'individu est moins tragique que celle de l'espoir), l'inscrit dans l'antique lignée des héros. Aussi, plutôt que de voir dans les volutes de sa poétique l'impossible quête du Graal dramatique, faut-il y rétablir l'ambiguïté des hommes de sa race et, *a fortiori,* des chefs-d'œuvre eux-mêmes. Se comprend alors que devant le *Cid* ou *Horace, Polyeucte* ou *Nicomède,* que devant telle échappée cornélienne Chamfort puisse céder à l'émerveillement ; qu'il puisse, par la grâce d'une rupture intérieure qui le fait naître à la beauté au moment même où elle la détruit, goûter à sa manière les heures glorieuses du théâtre.

Mais en quoi consistent ces instants privilégiés de l'univers dramatique? Où, précisément, résident l'originalité et le mérite de Corneille? Pour Chamfort la réponse, pour une fois, ne laisse guère planer de doutes : l'une et l'autre s'éclairent par le rôle qu'il fait jouer au sublime. Puisant aux sources troublantes du tragique, Corneille atteste que « des hommes, et des hommes plus grands, plus puissants, plus parfaits que nous, écrasés par les malheurs de l'humanité[22] » et par un sort dont ils ne sont pas les maîtres[23], trouvent dans leur force de caractère, dans leur « *virtus* », de quoi soulever l'admiration de leurs frères. Nourri d'auteurs latins (Lucain, Sénèque...) et des Espagnols, il est le premier en France à jeter les bases d'un théâtre fondé sur « l'enthousiasme » (Cham. IV, p. 198). Représente-t-on par exemple à Horace, s'apprêtant à combattre pour Rome, qu'il pourrait être digne de compassion, il répond :

> Quoi! vous me pleureriez, mourant pour mon pays!
> (*Horace,* II.1, v. 398)

A Camille qui le prie au nom de leur amour, de ne pas se prêter à l'horreur d'un pareil combat, Curiace, magnifique, rappelle :

> Avant que d'être à vous, je suis à mon pays.
> (*Ibid.,* II.5, v. 562)

A Cinna dont il a découvert la conjuration, Auguste demande, et avec quelle douceur dans la clémence :

> Soyons amis, Cinna, c'est moi qui t'en convie :
> (*Cinna,* V.3, v. 1701)

Et que dire de *Polyeucte* « où une femme se sert du pouvoir qu'elle a sur son amant, pour sauver son mari? » ; de *Héraclius* « où deux amis se disputent l'honneur d'être fils de Maurice, pour mourir au lieu de régner » (Cham. IV, p. 199)? Davantage, Corneille a fait de l'admiration le seul ressort de *Sertorius* et surtout de *Nicomède.* Exemple : Prussias, personnage faible et irrésolu, déclare-t-il vouloir accorder en lui l'amour et la nature, le père et l'époux, Nicomède lui conseille de n'être ni l'un ni l'autre. Le premier demande alors : « Et que serai-je? », « – Roi », réplique le second[24].

Mais à tant mettre l'accent sur le sublime, Corneille n'a pu, malgré son génie, éviter « la langueur » (Cham. IV, p. 199) dans l'une et l'autre pièce. L'admiration est un sentiment qui ne dure pas et qui demande, par nature, à s'arrêter au plus tôt. C'est pourquoi il ne saurait impunément servir de base au tragique. Là-dessus Chamfort rappelle que Voltaire avait observé que le caractère de Nicomède, s'il avait été greffé sur une intrigue à la *Rodogune,* aurait été « un chef-d'œuvre » (Cham. IV, p. 199).

Quand le tragique ne pourrait se recevoir des seules mains du sublime, il reste pourtant, aux yeux du moraliste, que c'est à lui que Corneille doit d'avoir retrouvé le véritable caractère des Romains. L'auteur d'*Horace* a-t-il jamais essuyé les reproches que l'on a faits à Racine d'avoir « francisé[25] » ses héros! Il y a plus. Chamfort reprend, comme en écho, la fameuse lettre de Guez de Balzac du 17 janvier 1643 où celui-ci écrit à Corneille à propos de *Cinna* qu'il rebâtit Rome « de marbre » aux endroits où elle est « de brique » ; qu'il en est pour ainsi dire « le pédagogue ». Mais quelques distinguos s'imposent ici. Dans l'éloge de Balzac se glissent discrètement des critiques : couleur locale trahie, libertés prises avec la vérité historique et les mœurs romaines, surtout personnages transformés en « honnêtes gens », au sens où l'entendait le XVIIe siècle. Dans la louange de Chamfort, en revanche, le mérite de Corneille demeure entier. Le surplus « d'élévation et de dignité[26] » dont il a doté ses personnages met en relief, pour la mieux faire comprendre, l'excellence de la vieille Rome.

Et pour cause ! Après la génération de Port-Royal qui avait renchéri à qui mieux mieux sur la faiblesse et les misères de l'homme, les moralistes des Lumières n'ont point de cesse qu'ils ne lui aient rendu sa grandeur passée. Tout leur est bon, et l'exemple de Rome, à coup sûr, leur est des plus utiles, qui peut restituer à l'homme les qualités que lui dérobe toute dogmatique d'une nature peccable. Surtout ils voient dans la doctrine de la chute le simulacre immémorial et étatisé de l'aliénation de ses vertus et, par voie de conséquence politique, de ses droits. En d'autres termes, ils applaudissent à toute représentation du sublime, moins par amour du beau, que pour montrer que l'homme possède en propre des qualités « salvatrices » ; qu'il ne saurait que faire d'une miséricorde divine qui occulte le mérite individuel ; bref, qu'il doit retrouver l'autonomie de son ipséité. *Autonome* signifie à la lettre et profondément : qui pose sa propre loi pour soi-même. Par là s'évanouira enfin l'illusion d'un être mutilé qui aura permis aux maîtres et aux nantis de l'histoire de tenir l'homme dans l'asservissement. Pour les moralistes en effet, les temps sont arrivés où les mentalités, affranchies d'une endoctrination séculaire, ont suffisamment évolué pour se catéchiser à la lumière de la seule raison. Elles sont parvenues à un point de maturation où ne seront plus recevables que les exigences éternelles d'une justice applicable à tous dans l'instant présent. Elles révèleront que les esprits ne se laisseront pas duper par des dogmes qui promettent un au-delà meilleur pour mieux déguiser un ici-bas humilié par la volonté de puissance. Elles montreront qu'il n'est pas de Rédemption par un tiers, mais par l'homme lui-même, et qu'il y a mystification à stigmatiser celui qui peut être divinisé.

> Le sublime, écrit Chamfort, (...) est tout ce qui nous élève au-dessus de ce que nous étions, et qui nous fait sentir en même temps cette élévation (...). Les sentiments sont sublimes, quand, fondés sur une vraie vertu, ils paroissent être presque au-dessus de la condition humaine, et qu'ils font voir, comme le dit Sénèque, dans la foiblesse de l'humanité, la constance d'un Dieu[27].

Entendons bien : la foi religieuse n'a pas droit de cité dramatique. Expression (parmi d'autres) d'un rêve humaniste, l'apologie du sublime au théâtre prend pour fin une vision refondue de l'homme sur terre et un changement de société. C'est dire que derrière cette réhabilitation et ce désir de réforme se dessine une « rhétorique » en étoilement, non pas, comme on dit souvent, un simple art de persuader et du bien-dire, de ce que Chamfort lui-même appelle, selon une vieille tradition, « le sublime des images[28] », mais plutôt une profession de foi nouvelle qui, fusant de tous les côtés de l'écriture, transforme à son tour une réalité équivoque en un champ de relations univoque. Ce qui explique que Chamfort, comme d'ailleurs presque tout son siècle, ait été parfaitement réfractaire à la dimension fervente de *Polyeucte*.

Il falloit du génie, écrit-il non sans ironie, pour faire applaudir sur la Scène un sujet tiré de la Légende. Polieucte avoit déplu aux beaux Esprits de l'Hôtel de Rambouillet, à qui Corneille l'avoit lu avant que de le donner au Théâtre. Ils n'apperçurent, sans doute, que le Chrétien qui brise les Idoles, et qui vole au martyre. Sévère et Pauline échappèrent à leurs regards. Les deux caractères, les plus beaux qui jamais aient été placés sur la Scène, valent eux seuls toute une Tragédie, et mettent Polieucte au rang des meilleurs Ouvrages de Corneille[29].

Pour une pièce dont on ne cesse d'écrire qu'elle est tout entière baignée de rayons de la grâce divine, le verdict est clair, voire brutal : condamnation sans appel du mystique, et encore plus du sacré..., pour mieux exalter l'humain. Il faut encore ajouter, ce qui n'est guère moins révélateur, que le jugement pêche par omission et par pétition de principe. Si, à en croire Fontenelle, *Polyeucte* fut en effet assez froidement accueilli à la première lecture qu'en aurait donnée Corneille à l'Hôtel de Rambouillet, son succès auprès du grand public, en revanche, fut nettement attesté ; l'abbé de Villiers ne nous apprend-il pas dans son *Entretien sur les tragédies de ce temps* que « les comédiens gagnèrent [même] plus d'argent à Polyeucte qu'à quelque autre tragédie »? N'est-il point non plus raisonnable de penser que les « beaux-esprits » s'effarouchèrent moins de l'iconoclaste et du martyre qu'ils ne jugèrent indécent de porter à la scène un sujet religieux? Ils en avaient vu (et en verraient) d'autres : après *Médée* et *Horace* et même *Le Cid,* ce n'était pas « l'impétuosité » de Polyeucte, pour reprendre un mot de Corneille, qui allait choquer leur sens des bienséances. « Le sculpteur (...) impose à la pierre le poids de son arbitraire[30] », répète le Saint-Exupéry des fragments de *Citadelle* au retentissement qu'ont les uns sur les autres les coups de ciseau de l'homme taillant les pierres de sa demeure. Il en est de même des fragments des moralistes des Lumières. Pour eux, le sublime proprement humain dans le poème dramatique reconstruit, dans la vie, le héros qu'avait « démoli », suivant l'expression de Bénichou, le siècle de Pascal, et invite à l'engagement pour un nouvel ordre en des temps nouveaux.

Telle avait déjà été, vers le milieu du siècle, la réflexion critique de Vauvenargues. La page la plus gratuite d'apparence proposait chez lui des exemples et des modèles à suivre, des exploits à accomplir[31]. Car il n'était pas dans la nature de l'homme de vivre, tel son caractère Polidore, comme une huître sur un rocher ; il se devait de fournir « au panégyrique » (Vau. I, p. 325). Et pouvait-on tenir, pour le plus large déploiement de ses forces, discours plus efficace que celui qui l'enflait d'émulation et le conduisait à l'ivresse de l'acte total? Il était donc permis de penser que Vauvenargues se serait, pour le moins, gardé d'attaquer le vers cornélien, ce souvenir exaltant d'un ordre de paladins et de prouesses. Rien de cela. Wallas et Cavalucci prétendirent même que, si le moraliste s'était montré sans pitié à l'égard du dramaturge, c'était parce qu'il avait illustré « la conception du sublime » et de « l'au-dessus des règles[32] ».

Sans doute n'est-il pas question de nier ici ce que Corneille peut avoir d'agaçant dans son côté phraseur. Que cette boursouflure et ce ton de rhéteur en aient exaspéré plus d'un au cours des siècles, on l'accepte de bonne grâce, s'il est vrai que l'une et l'autre renferment toujours insincérité et vent. S'il est vrai aussi, comme le croit Vauvenargues, que les personnages cornéliens ne sont jamais que des matamores gonflés à blanc qui prennent l'emphase pour l'éloquence. Mais en est-il proprement ainsi? L'univers cornélien n'est-il peuplé que de capitans de la *Commedia dell'arte?* Ne vibre-t-il que d'une éloquence avocassière? « Souvenons-nous plutôt, écrit André Rousseaux, qu'au Palais le mot *action* est synonyme du mot *procès* et que cela est l'image de la vie[33] ». Il y a plus. Les grandes plaidoiries et le duel oratoire reposent « dans les solennités judiciaires[34] » l'apriorité permanente de la question abyssale : quelle peut être la mesure de l'héroïsme en l'absence de tout étalon extra-social? quelle sera sa loi si celle-ci ne peut s'inscrire dans un rapport de réciprocité avec aucun impératif extérieur, bref, quel peut être le sens d'une vie qui s'ouvre sur l'Abîme? A ne jurer que par lui-même, le héros cornélien, à l'instar de Vauvenargues d'ailleurs, finit en effet par plonger ses racines dans le nihilisme. Il se voit amené à bâtir un destin sur un fond de néant qui l'oblige à se constituer seul dans une collision sans trêve et sans merci avec le vide. Même, se reconnaissant comme origine et fin de soi, il doit postuler, face à un ordre social forgé de toutes pièces pour asservir, un principe de liberté et de grandeur d'où naît la différence ontologique des hommes de sa race. De cette race de chefs à laquelle, paradoxalement, la société doit d'exister et de se donner, non sans une entière impudence, comme expression immanente du transcendant.

LE COMTE
Tout l'Etat périra, s'il faut que je périsse.

DON ARIAS
Quoi! vous craignez si peu le pouvoir souverain...

LE COMTE
D'un sceptre qui sans moi tomberait de sa main?
Il a trop d'intérêt lui-même en ma personne
Et ma tête en tombant ferait choir sa couronne.
(*Le Cid*, II.1, vs. 378-82)

Nourri d'une réflexion radicalement « solipsiste », le héros cornélien apparaît dès lors comme le démystificateur des institutions et, en profondeur, de la Nécessité et de la Contingence tout ensemble. Autrement dit, il ne peut pas ne pas tomber dans « l'au-dessus des règles » puisqu'aussi bien ces règles n'existent pas pour lui ou qu'elles sont au mieux factices. Mais c'est dire aussi qu'il est obligé d'avoir recours à la dynamique de la parole quand il cherche à comprendre ce qu'il est et ce qu'il est appelé à être. Car, de même qu'il n'est pas de processus discursif qui soit recevable en dehors d'un langage, de même il n'est pas d'acte qui ne soit investi d'une croyance et, partant, d'un verbe. Et ce verbe, une fois rendu à sa transparence et à son appel, est seul capable de restituer le héros à son avenir et à sa marche irrésistible vers l'exaltation. Tellement, que lors même qu'il paraît se réclamer d'un patrimoine commun, il trouve à se distinguer fondamentalement des autres. La parole délivre l'homme de sa latence et lui reconstitue sa vérité pour l'acheminer vers les impératifs lancinants de son ipséité.

Une autre analyse conclura que nous ne nous révélons jamais à nous-mêmes avec plus de brutalité, que nous ne nous montrons jamais avec plus de violence et de fanatisme que lorsque les pulsions de notre « moi » ont trouvé refuge et légitimation dans l'imposture socialisée du langage, et ce jusqu'au paroxysme de la parole. Mais il n'y a pas contradiction entre les deux enquêtes. Bien loin de se contredire et encore plus de s'exclure, l'une et l'autre finissent par constater, d'une part, l'amoralité du verbe et de l'autre, la mesure de sa force. Vauvenargues lui-même écrit :

> Voulez-vous démêler, rassembler vos idées, les mettre sous un même point de vue et les réduire en principes? Jetez-les d'abord sur le papier. Quand vous n'auriez rien à gagner par cet usage du côté de la réflexion, ce qui est faux manifestement, que n'acquerriez-vous pas du côté de l'expression. (Vau. I, p. 108)

Et dans la revue qu'il fait de son livre en mai 1746, le *Journal de Trévoux* remarque que l'écriture vauvenarguienne est prise de conscience de soi avant d'être fer de lance de l'autre : « [Vauvenargues] paraît fort instruit des usages de ce monde, il y joint la métaphysique du cœur humain, mais cela ne fait point une lecture sèche et dialectique. C'est un bel esprit qui moralise, qui instruit les autres en se développant à lui-même ses propres sentiments[35] ». Serti dans sa monture, le diamant brille de tous ses éclats ; enchâssée dans le langage, la « réflexion » cesse d'être témoignage d'une pensée pour passer à la mobilisation de l'être, pour le mettre en demeure d'agir. En d'autres termes, il n'est pas d'écriture ou d'oralité (c'est la même chose) innocente et qui ne relève *nolens volens* d'un ordre du bien ou d'un ordre du mal, d'un Dieu ou d'un Satan. Claude Roy écrit que tout bon écrivain est « entraîneur[36] ». S'il en est donc ainsi et s'il est vrai que l'artiste se réalise d'abord avant de « réaliser » les autres, au sens premier du mot, force est de conclure que les sentences de Corneille composent, au même titre que les maximes de Vauvenargues, « un cahier de recettes pour métamorphose[37] ».

Vauvenargues en effet ne se propose pas seulement, comme on l'a vu plus haut, de changer les esprits en cette première moitié du XVIIIe siècle, il entend aussi, afin de les « porter au plus grand », user pleinement de la rhétorique du sublime. Il attaque Corneille, contrairement à ce que laissent croire Wallas et Cavalluci, parce qu'il représente le beau controuvé de certains procédés de style ou une fausse grandeur, non point parce qu'il peint la démesure et l'extraordinaire. Disciple de Longin et demeuré essentiellement classique dans ses goûts, il veut que la véritable poésie soit

majestueuse, édifiante et admirable. Dans cet ordre. Il assigne même à
« l'éloquence », c'est-à-dire au « genre du sublime » par excellence, la place
qu'occupait l'épopée dans l'*Art poétique* de Boileau. Enfin lui-même
avoue : « j'estime l'esprit d'un poète qui fait dire de grandes choses à son
héros ; mais le héros qui dit de grandes choses pour se peindre, et pour faire
honneur au poète, je ne puis m'empêcher de le mépriser » (Vau. I, p. 265).
Bref, il importe pour Vauvenargues d'être remarquable sans se faire
remarquer et de parler toujours « avec vérité et à propos » (Vau. I, p. 243)[38].
Précepte qu'il ne se fait d'ailleurs aucun scrupule d'abandonner quand il
s'agit de sa propre création ! Car Vauvenargues a beau exiger la pudeur de
l'honnête homme qui répugne à parler de soi, il ne s'en laisse pas moins
emporter par les arabesques de la grandiloquence et de l'enflure. A tel
point que l'éditeur Gilbert, dans une note critique à son *Éloge de Paul
Hyppolyte – Emmanuel de Seytres,* compagnon d'armes de Vauvenargues
mort pendant la campagne de Bohême, ne peut s'empêcher d'observer qu'il
« y prodigue les plus grands effets et les dernières ressources de l'art
oratoire, sans se demander si tout cet appareil est bien là à sa place, et s'il
est permis, à propos du jeune de Seytres, de le prendre plus haut que
Bossuet à propos du grand Condé » (Vau. I, p. 150). Que l'on relise aussi à ce
sujet ses *Discours sur la gloire,* et on se convaincra qu'il n'est pas de magie
du verbe à laquelle Corneille et Vauvenargues ne se soient tous deux laissés
prendre. Mais parce que les héros du dramaturge se fixent un itinéraire
linéaire et jusqu'au-boutiste à l'image de leur parole, itinéraire qui les fait
souvent culbuter dans un renversement du pour au contre, le moraliste,
écœuré, se révolte. Et à l'univers cornélien qui consigne le Mal et une gloire
hors de l'humanité il oppose un monde trouble mais riche et divers, qui
rappelle à celui qui se préfère en tout à ses frères qu'il n'est, selon le mot de
Fénelon qu'il vénère, qu' « un monstre d'orgueil, et non pas un homme[39] ».
En d'autres termes, l'écriture cornélienne enferme la nature dans une
esthétique ; la vauvenarguienne, dans une éthique. Systèmes d'autant plus
impropres à saisir le réel qu'ils ne circonscrivent que quelques champs
notionnels, parmi une infinité d'autres, du langage.

   Mais chose curieuse, alors même que les moralistes des Lumières, et à
commencer par Vauvenargues, s'appliquent à critiquer l'emphase chez
Corneille – à tel point qu'ils jugent bon d'écourter ses meilleures pièces
pour les rendre « jouables » – leur langage, et surtout leur langage politique,
renoue avec le goût de l'exagération et de la boursouflure. Celui-ci charrie,
non point les vestiges de la génération de Port-Royal, de cette génération
qui renchérissait de son mieux sur la faiblesse et les misères de l'homme,
mais bel et bien la dynamique, devenue révolutionnaire, d'une époque qui
gardait l'amour de l'expression proverbiale et qui faisait épeler à ses
enfants les quatrains de Pibrac[40]. Le rapport de la commission de l'Institut
sur la continuation du dictionnaire note en l'an IX : « l'exagération des
idées a produit celle des mots » ; on a pris « l'enflure pour la grandeur ». La
remarque a ceci d'intéressant qu'elle rend compte, moins d'un moment de

l'histoire de la langue, que d'une vérité de toujours : la verbosité a existé bien avant Corneille, à Athènes même où, selon certains, elle aurait émigré d'Asie du temps de Pétrone. Surtout l'Institut atteste à son insu, si l'on se rappelle les massacres qu'a entraînés le style révolutionnaire, que la parole marche aussi sans la pensée pour mieux la séduire et qu'elle possède en propre son projet de maîtrise. Autonomie terrible qui disloque l'être dans sa prétention à l'être et qui, à la limite, finit par l'anéantir, lui et son rêve. A telles enseignes qu'il y a lieu de postuler un « linguobiologisme » qui ne serait pas sans rappeler, par certains côtés, la « sociobiologie » d'Edward Osborne Wilson des dernières années. Les linguistes n'ont-ils pas déjà démontré l'existence d'une grammaire en quelque sorte « innée », antérieure pratiquement à l'homme et qui serait l'apanage moins de l'individu que de l'espèce? Exemples : dans toute la littérature française il n'est peut-être pas d'appels à la tolérance et à l'acceptation plus généreux et plus nobles que ceux qui se reçoivent des pages de Vauvenargues et de Chamfort. Qu'à cela ne tienne! Dès 1740, le premier est prêt à fustiger ceux qui, sous couleur d'emplois, se dérobent, par leur « parasitisme », à l'ensemble de la production du pays. « Que d'hommes inutiles en France, s'exclame-t-il avec une violence déjà toute révolutionnaire et qui dément le moraliste qu'il est ailleurs, que de valets, que de religieux! que de bourgeois qui croupissent dans l'oisiveté des villes, et privent le royaume de leur industrie et de leur travail » (Vau. II, p. 68). N'y a-t-il pas dans une telle outrance, quelque justifiée qu'elle puisse paraître, les marques cornéliennes de « l'énergumène effréné »? du fanatique dont lui-même a une si grande horreur? D'autre part, quand, le 15 décembre 1792, Cambon termine un de ses discours par la phrase : « Paix et fraternité à tous les amis de la liberté, guerre aux lâches partisans du despotisme ; *guerre aux châteaux, paix aux chaumières*[41] », il ne fait que reprendre à son compte un slogan promis au plus « bel » avenir, que son auteur Chamfort avait lancé pour la première fois quelques années auparavant dans le salon de Bitaubé, le traducteur couru d'Homère, en réponse à un propos qu'avait tenu la poétesse anglaise Helena-Maria Williams sur la guerre en Belgique. C'est Chamfort, encore, qui fournit à Sieyès le titre de sa célèbre brochure : « Qu'est-ce que le Tiers-Etat? – Tout. – Qu'a-t-il? – Rien ». Nombreux même sont ceux qui, tel Lauraguais, réprouvent, comme évoquant l'aumône, le simple « quelque chose » qu'y ajoute Sieyès[42].

Une étude (qui reste toujours à faire[43]) sur l'emphase proprement révolutionnaire montrerait qu'il y a divorce entre la parole et la pensée, que les écarts du langage salissent la politique dont se réclame la Révolution, et que les moralistes eux-mêmes, malgré qu'ils en aient, n'échappent pas au tour du discours monté, c'est-à-dire à la permanence de l'éruption cornélienne. De quelles injustices, de quelles tueries Chamfort, homme et citoyen également indigné par les iniquités sociales, n'est-il pas responsable lorsqu'il crie son simpliste : « guerre aux châteaux, paix aux chaumières »? Assurément, la formule est belle et frappe dans sa prétention infatuée à l'*Horace*. Mais est-elle gratuite? creuse? Et Chamfort n'est-il qu'un phraseur? Et en quoi l'expression des « fleuves (...) rendus plus rapides / Par le débordement de tant de parricides » (*La Mort de Pompée*, I.1, vs. 5-6), qu'il critique comme pompeuse (Cham. IV, p. 186), exagère-t-elle en regard de l'appel à « égorger les monstres qui dévorent [la] substance [du peuple] » (*Le Monarque accompli*)[44], qu'il ne critique pas? Corneille a peut-être sur les moralistes qui l'ont jugé le mérite de connaître et de savoir mesurer la portée d'une parole[45]. Dans ce sens il est l'homme-verbe du XVIIe siècle ; entendons bien « homme-verbe » comme l'expression de deux réalités quasi distinctes qui se rejoignent pour concourir à l'élaboration du devenir. Mais dans ce sens aussi il pose le redoutable problème de l'engagement et du mal dans ce qu'il a peut-être de plus avilissant, à savoir dans les formes sacralisantes du langage. Car plus est grand l'art du verbe comme restitution de l'adhésion intuitive à la bêtise, et plus se détraque le mécanisme déjà aberrant de notre « machine », suivant un vocable malheureusement tombé en désuétude.

Et c'est à vrai dire ce que les moralistes des Lumières ont bien compris..., et plus ou moins toléré. Entre Vauvenargues et Chamfort, c'est-à-dire entre ceux d'entre eux ou moins toléré. qui ont étudié de près le théâtre de Corneille, la différence de jugement vient de ce que le premier oppose systématiquement une fin de non-recevoir à toute conception d'un univers expressément cruel et de ce que le second estime (à ses heures) que l'art ne saurait être d'autorité « *une purification du monde* », selon le mot de Malraux. Tous, Vauvenargues en tête, se font les chantres d'une vision de l'homme et, au-delà, d'une politique qui fonde leur critique de Corneille comme la vision de Pascal avait fondé sa critique de Montaigne. Seul peut-être Chamfort s'est employé à bâtir avec sérieux une rhétorique du théâtre qui aurait posé des critères d'appréciation dramatique objectifs et, toutes proportions gardées, sûrs. Qu'il ne soit point arrivé à constituer un véritable corps de doctrine indépendant tendrait plutôt à prouver, moins l'incohérence de sa pensée, que la difficulté, mieux l'impossibilité, de parvenir, dans la critique, à un système judicatoire de la totalité littéraire. Impasse à laquelle a abouti, mais par un cheminement parfaitement lucide chez lui, Vauvenargues lui-même. Que celui-ci ait laissé dans ses fragments divers, comme l'a déjà remarqué P. Hazard, « tout un art poétique [... qui montre] la conscience qu'il avait de la dignité de son art[46] » ne l'empêche pas d'écrire à propos de Corneille que, s'il se plaît à relever ses défauts, c'est parce qu'ils lui sont plus sensibles que ses qualités (Vau. I, p. 253). Rarement approche de la complexité des lettres fut plus franchement, voire plus cavalièrement, personnelle. Ce qui fait regretter à Lanson[47] que Vauvenargues n'ait pas su libérer sa pensée de son apport passionné : comme si, pour le moraliste, la notion d'intellectualité pure et autonome n'était point déjà un non-sens! *Homo sum : humani nihil a me alienum puto,* dit le fameux vers de Térence ; changeant de registre pour miser plus sûrement sur une fragile solidarité humaine, R. Naves avance pour sa part qu'il serait sans doute devenu, lui eût-il été donné de vivre encore quelques années, « le plus grand critique[48] » du siècle ; autre son de cloche qui fait entendre, de concert avec les résonnances de l'écriture vauvenarguienne, l'insanité d'une certaine notion d'homme et l'infirmation de la logique même dont celui-ci semble parfois retentir[49].

Quoi qu'il en soit, si tel moraliste n'a pas plus de raisons de s'approprier Corneille que tel autre n'en a de le récuser (ce qui restera toujours à démontrer), force est pourtant de conclure que c'est la singularité de leur réceptivité commune qui finira seule par compter, puisque, par elle et malgré l'effort d'objectivité de Chamfort, l'auteur du *Cid* sera condamné sans appel. Et ainsi sera mis à l'index pendant un siècle et demi, en l'attente d'un renouveau de la critique, un des paradigmes grandioses de la poésie.

NOTES

Les citations du théâtre de P. Corneille renvoient aux *Œuvres complètes,* éd. André Stegmann, Paris, Editions du Seuil, 1963.

1. Ainsi paraît en 1834, chez Lefèvre, à Paris, un recueil portant le titre : *Moralistes français,* et comprenant : *Pensées* de Blaise Pascal ; *Réflexions, sentences et maximes* de La Rochefoucauld, suivies d'une réfutation par M. L. Aimé-Martin ; *Caractères* de La Bruyère ; *Œuvres complètes* de Vauvenargues.

2. Voir son *Moraliste classique - essai de définition et de typologie* (Genève, Librairie Droz S.A., 1982, p. 13). Voir aussi « La spécificité du moraliste classique », (*Revue d'Histoire Littéraire de la France,* 80e Année, N° 4, juillet/août 1980, p. 542).

Peut-être n'est-il pas sans intérêt de noter, pour ceux du moins qui voudraient cerner de plus près le sens du terme, que Louis van Delft, dans son livre, définit « moraliste » comme « *l'écrivain qui traite des mœurs et (ou) s'adonne à l'analyse, en ne s'interdisant pas de rappeler des normes ; qui adopte très généralement pour forme soit le traité, soit le fragment ; dont l'attitude consiste à se maintenir avant tout à hauteur d'homme, du fait du vif intérêt qu'il porte au vécu* » (p. 108. souligné dans le texte). Cette définition, quoi qu'en dise son auteur, n'est pas si « historique » ou, plus simplement, si « étroite » qu'elle lui paraît. Elle inclut par exemple, de l'aveu de celui-ci, La Fontaine : « L'auteur des *Fables* sera bien, pour nous, un moraliste » (p. 107). Dans des études antérieures, il est vrai, l'auteur s'était opposé à une pareille notion du moraliste. Il avait même, lors du XXIXe Congrès de l'Association Internationale des Etudes Françaises tenu en juillet 1977, fait remarquer dans la discussion qui suit l'une des communications de la deuxième journée que « si on considère La Fontaine comme un moraliste, quelle raison y a-t-il de ne pas considérer aussi Diderot et Albert Camus comme des moralistes? » (*Cahiers de l'Association Internationale des Etudes Françaises,* N° 30, mai 1978, p. 279). A l'égal du conteur, de l'épistolier ou encore du mémorialiste, le fabuliste, en effet, opère dans un genre qui lui est propre. Et l'on regrettera sans doute que L. van Delft ne s'en soit pas tenu à sa première thèse dans un livre par ailleurs admirable et dont l'intelligente érudition fera date.

3. Le dictionnaire de Furetière (1690) est le premier à donner le terme *moraliste*, sommairement défini : « auteur qui escrit, qui traite de la Morale ».

4. Par exemple il n'existe pas, à notre connaissance, de tradition semblable à celle des moralistes français dans les lettres anglaises. Du moins ne s'y sont pas illustrés des Pascal, des La Rochefoucauld, des Vauvenargues ou des Chamfort.

5. Julien Teppe, *Chamfort : sa vie, son œuvre, sa pensée*, Paris, Editions Pierre Clairac, 1950, p. 98.

6. *The Eagle and the Dove*, Banbury, Studies on Voltaire and the Eighteenth Century, XCV 1972, p. 328.

7. Cf. aussi Rivarol, *Œuvres complètes* (1808 : réimpression de l'édition de Paris en 5 volumes ; Genève, Slatkine Reprints, 1968), t. V, p. 354. Ci-après abrégé « Riv.» dans le texte.

8. René Groos, « La vraie figure de Rivarol », *Les Cahiers d'Occident*, 1ère Année, N° 8, juillet 1927, p. 34.

9. *The Eagle and the Dove*, p. 141.

10. Une telle classification n'est pas non plus sans rapport avec le jugement de la deuxième moitié du siècle sur Corneille.

11. *Œuvres* et *Œuvres posthumes et œuvres inédites*, éd. D.-L. Gilbert, Paris : Furne et Cie, 1857, t. I, p. 366. Ci-après abrégé « Vau. » dans le texte.

12. *Œuvres complètes*, éd. P.-R. Auguis (1824-1825 : réimpression de l'édition de Paris en 5 volumes ; Genève, Slatkine Reprints, 1968), t. V, p. 39. Ci-après abrégé « Cham. » dans le texte.

13. Cf. Riv. t. II, p. 63. Cette réflexion est d'un homme déjà désabusé. Elle laisse paraître les difficultés que rencontre Rivarol à traduire Dante à cette date, les sérieuses réserves dont sera entouré plus tard le jugement, d'abord favorable, qu'il en porte, enfin la renonciation prochaine à la traduction *in extenso* de la *Divine Comédie*. Il ne sera publié, on le sait, que le premier poème – l'*Enfer*. L'on ne s'étonnera sans doute pas moins que l'impossibilité où il s'est trouvé de rendre fidèlement le poète italien ait pu l'amener à lui dresser, en quelque sorte, un constat d'échec. Rivarol rappelle un peu ici l'élève qui, réfractaire à la leçon du maître, lui donne tous les torts.

14. Le jugement de Vauvenargues sur La Fontaine a d'autant plus de mérite que le moraliste ne fait pas grand cas de la fable comme genre. Dominé par son goût pour le noble et le sérieux, il n'est guère enclin à voir d'un bon œil les scènes de basse-cour ; ce qui ne l'empêche pas de montrer au fabuliste « das feinste Verständnis » et de le compter « unter die grössten Poeten (...). Und nicht allein das poetische Genie hat Vauvenargues mit seinem ästhetischem Gefühl wahrgenommen, sondern auch die grosse Natürlichkeit eines der bedeutendsten Schriftsteller klar erkannt » (Ella Heilmann, *Vauvenargues als Moralphilosoph und Kritiker*, Leipzig, O. Nuscke, 1906, p. 53). Nous nous permettons de traduire ainsi le texte allemand : «ce qui ne l'empêche pas de montrer au fabuliste la compréhension la plus parfaite et de le compter parmi les plus grands poètes (...). Et non seulement Vauvenargues a, avec son sens esthétique, apprécié à sa juste valeur le genre poétique d'un des écrivains les plus importants mais il a encore clairement reconnu son grand naturel ».

15. Déjà, en pleine période nazie, Wandruska von Wanstetten écrivait – signe des temps? – : « Corneilles Helden hassen und verachten nicht mit blinder Leidenschaft, sie hassen und verachten wie Cornélie und Rodelinde auf der höheren Ebene der Vernunft. Für Vauvenargues sind Hass und Verachtung entweder Leidenschaften oder leere Worte, der kalte Hass Corneilles ist ihm (...) unfassbar » (*Wille und Macht in drei Jahrhunderten französischer Schau*, Stuttgart et Berlin, W. Kohlhammer, 1942, pp. 68-69). Cf. aussi notre « Vauvenargues, critique de Corneille » (*Studies on Voltaire and the Eighteenth Century* CLXXVI, Oxford, The Voltaire Foundation, 1979, p. 250). « Les héros de Corneille ne haïssent point ni ne méprisent avec une passion aveugle, ils haïssent et méprisent comme Cornélie et Rodelinde : dans les sphères plus hautes de la raison. Pour Vauvenargues la haine et le mépris sont ou bien des passions ou bien des mots creux : lui est incompréhensible la haine froide de Corneille ».

16. Georges Couton écrit dans son *Corneille* qu' « à parler rigoureusement, le roi n'a pas jugé Horace ; il a employé la procédure de *l'abolition* qui permettait au roi de France de déclarer la faute non advenue » (Paris, Hatier, 1958, p. 62). Il va de soi qu'une telle interprétation ne saurait masquer le problème posé ; mieux, elle en fait ressortir l'acuité.

17. Cf. dans l'avis « Au lecteur » d'*Héraclius* : « Je ne craindrai point d'avancer que le sujet d'une belle tragédie doit n'être pas vraisemblable. ». Voir aussi le *Discours de l'utilité et des parties du*

poème dramatique (1er Discours) : « Les grands sujets qui remuent fortement les passions, et en opposent l'impétuosité aux lois du devoir et aux tendresses du sang doivent toujours aller au-delà du vraisemblable, et ne trouveroient aucune croyance parmi les auditeurs, s'ils n'étoient soutenus, ou par l'autorité de l'histoire qui persuade avec empire, ou par la préoccupation de l'opinion commune qui nous donne ces mêmes auditeurs déjà tous persuadés ». Enfin on relira avec intérêt le *Discours de la Tragédie et des moyens de la traiter selon le vraisemblable ou le nécessaire* (2ème Discours).

18. [François Vincent Toussaint], *Les Mœurs,* nouvelle édition (1749 : réimpression de l'édition d'Amsterdam ; Farnborough, Gregg International Publishers, 1972), p. 93.

19. Sénac de Meilhan, *Considérations sur l'esprit et les mœurs,* éd. F. Caussy, Paris : E. Sansot et Cie, 1905, p. 227. On voit, à de telles réflexions, qu'on ne saurait prétendre, comme on l'a prétendu récemment, que l'entreprise des moralistes des Lumières, semblable à celle des moralistes du siècle classique, demeure tributaire de la morale, de la religion, et, le plus souvent, de cette « morale chrétienne » qui opère la synthèse des deux. Il nous a semblé que cette remarque n'était pas entièrement sans intérêt ici et qu'elle méritait peut-être d'être portée à l'attention du lecteur. Au moins éclaire-t-elle l'orientation générale de la pensée chez un groupe d'écrivains qu'il serait avantageux d'étudier sous un rapport à eux propre.

20. *Op. cit.,* p. 98.

21. Cf. aussi l'article « Mœurs » dans le *Dictionnaire dramatique* (1776) où il est dit que la morale est en quelque sorte «le véritable objet de la Tragédie, qui ne devrait (...) avoir d'autre but que d'attaquer les passions criminelles, et d'établir le goût de la vertu, d'où dépend le bonheur de la société ».

22. Cf., l'article « Tragique », dans le *Dictionnaire dramatique.*

23. *Ibid.*

24. Cf., l'article « Nicomède », dans le *Dictionnaire dramatique.*

25. Cf., l'article « Mœurs », dans le *Dictionnaire dramatique.*

26. *Ibid.*

27. Cf., l'article « Sublime », dans le *Dictionnaire dramatique.*

28. *Ibid.*

29. Cf., l'article « Polieucte », dans le *Dictionnaire dramatique.*

30. Saint-Exupéry, *Œuvres,* Paris, « La Pléiade », 1959, p. 556.

31. Cf., notre « Être et écriture chez Vauvenargues », *Essays in French Literature,* N° 15, November 1978, p. 43.

32. Giacomo Cavallucci, *Vauvenargues dégagé de la légende,* Naples, Raffaele Pironti, 1939, p. 355 ; May Wallas, *Luc de Clapiers, marquis de Vauvenargues,* Cambridge, University Press, 1928, p. 191 ; cf., aussi notre « Vauvenargues, Critique de Corneille », déjà cité, p. 246.

33. « Corneille ou le mensonge héroïque » in *Le Monde classique,* Paris, Albin Michel, 1941, t. I, p. 59. Article publié pour la première fois dans la *Revue de Paris,* 1er juillet 1937.

34. *Rousseaux,* p. 59.

35. Mai 1746, p. 1139

36. *Descriptions critiques,* Paris, Gallimard, 1949, t. I, p. 271.

37. *Ibid.,* p. 271.

38. Cf., notre « Vauvenargues, critique de Corneille », déjà cité, p. 246.

39. *Les Aventures de Télémaque,* nouv. éd. par A. Cahen, Paris, Hachette, 1927, t. I, p. 49.

40. Cf., Georges Couton, *Corneille,* Paris, Hatier, 1958, p. 210.

41. Cité par René Groos, dans « La vraie figure de Rivarol », p. 51.

42. Cf., J. Teppe, *Chamfort,* p. 49.

43. Dans une direction autre que celle qu'imprime Jean Dubois à son livre, *Le vocabulaire politique et social en France de 1869 à 1872. A travers les œuvres des écrivains, les revues et les journaux* (Paris, Larousse, 1965).

44. Cité par René Groos, *op. cit.,* p. 50.

45. Maurice Rat écrit que *Pompée* est « la première de ces pièces pleines d'emphase, dont Corneille par la suite donna tant de modèles » (*Théâtre complet,* Paris, Garnier, 1962, t. II, p. 77).

expérience : «J'ai [... réduit] en poème dramatique ce que [Lucain] a traité en épique ». Remarque qui mérite d'autant plus d'être prise en considération qu'elle mettait fin au très court avis *Au lecteur* des éditions de 1654 et de 1656 ; par elle, Corneille nous instruisait lui-même qu'il s'était essayé à faire éclater les horizons du théâtre en créant des formes d'expression nouvelles. Les deux vers de *Pompée* dont est tirée la citation de Chamfort disent littéralement ceci :

Ses fleuves teints de sang, et rendus plus rapides
Par le débordement de tant de parricides,

46. Paul Hazard, « Vauvenargues », *Revue des deux mondes,* IIIe année (8e période), 1er mai 1941, p. 90.

47. Cf., son *Marquis de Vauvenargues,* Paris, Hachette, 1930, pp. 128-29.

48. Raymond Naves, *Le Goût de Voltaire,* Paris, Garnier, [1938], p. 404.

49. Raymond Naves est mort en déportation. Une pleine communauté de cœur et d'esprit le liait au moraliste qui, après avoir critiqué la « barbarie » de Corneille, ne cessait de rappeler qu'il fallait être humain avant toutes choses.

TABLE DES MATIÈRES